ショーケン

最終章

萩原健一

講談社

はじめに

自分のことを記したこの本は、私にとって最後の著書になる。

自分の言葉で真実を語ろう。

二〇一一年に人間ドックで入院したときに小腸に出来物が見つかり、「ジスト」（GIST＝消化管間質腫瘍）という耳慣れない病名を告げられた。

消化管の壁にできる転移・再発を起こす肉腫で、十万人に一人か二人が発症するとされる非常に珍しい病気らしい。いまは「希少がん」と位置づけられているようだが、データそのものが少なく、その実態は十分にわかっていない。

手術で肉腫を切除した。だが四年後に再発し、医師からは「萩原さん、五年がんばりましょう」と余命を宣告された。

ドラマとコンサート活動に本格的に取り組み、どれも確かな手応えのある仕事を続けていたさなかだった。

それから抗がん剤治療を続けているものの、いまは腹の中に爆弾を抱えているような状態だ。明日爆発するか、それとも当分は大丈夫なのか、それは誰にもわからない。


これまでの人生を振り返って思う。

十代はわけがわからなかった。

二十代は芸能界に嫌気がさした。

三十代はリハビリの時代だ。

四十代はとても楽しかった。

五十代は責任ばかり負わされた。

六十代はやっと自分に気がついた。

そして七十代を前にして、これまでお世話になったり応援してくれたりした人たちに心から「ありがとう」の言葉を贈り、最後に本当の自分を伝えたいと思った。

はじめに

映像や音楽作品に込めた思い、演出、脚本、演技に対する考え方、ともに作品を創造してきた人々との交わり、そして家族のこと。

映画やドラマ、コンサートやＣＤで表現した自分は掛け値なしのショーケンだ。でもそれ以外に世間に広まっている噂や情報は、誤解に基づく偏見やマスコミによる脚色が少なくなかった。

ショーケンっていったい何者なんだ？

二〇〇八年に出した自伝『ショーケン』にしても、私生活を含めてできる限り赤《せき》裸々《らら》に記してはいるけれど、それは事実のごく一部に過ぎないし、隠した部分もあれば事実と異なる部分もある。当然ながら自分の名前を掲げている限り、その責任はすべて自分にある。

この本では、これまで自分が言いたくても言えなかったことを含め、本音をつづろうと思う。もちろん、私の記憶には間違いもあれば、勘違いや思い込みもあるだろう。けれども、できるだけ率直に誠実に事実を記すつもりだ。

この本に込めたのは、そうした個人的な思いだけではない。

いま、日本の映画やドラマづくりの現場がやせ衰えている。私の限られた経験でも、先輩たちが培ってきた知恵や技術がきちんと継承されていないことを実感する。昔といまとでは時代も環境も違う、と言うかもしれないが、予算や時間が限られたなかで納得のいく作品を生み出すこともまた知恵と技術だろう。

幸運にも私は日本を代表する映画監督や演出家、脚本家、カメラマン、そして俳優と一緒に作品をつくる機会に恵まれた。そこで学んだことは、この体に刻み込まれている。

本書に記すのはそのごく一部ではあるけれど、創造の現場に情熱とエネルギーが渦巻いていた時代の証言として、またそれをいまに生かそうとする模索の記録として読んでいただければと思う。

だから、この本はショーケンという俳優・歌手の闘病記ではない。

人生に悔いがないよう納得のいく生き方を追求していった人間のドキュメントだ。

私には「生きたい」という気持ち以上に、「生きていく責任」がある。

これまでは野良犬のようにハングリーで、嵐のように激しい人生だったけれど、生涯のパートナーを得て、そして深刻な病を得て、これまでとは違う生き方があることを初めて知った。

人との交わり方なり考え方なり、仕事と生活のあらゆる場面で、これまでとは違う自分を発見することができた。

病気になって、私は自分が持っている物や人間関係、こだわりのほとんどを捨て去った。無駄な荷物を下ろして身軽になった自分をいまはけっこう気に入っている。病気もまた豊かな人生の糧《かて》となり得るのだ。

たとえ病におかされていても、私はつねに新しい表現を追い続けてきた。病気かどうかにかかわらず、人は歳を取ればできなくなることが増えてくる。しかし、それは工夫次第で乗り越えることができるし、新たに見出せることもある。

私に残された時間はそれほど多くはないのかもしれない。しかし、それは以前よりも濃密な時間、深く穏やかに流れる時間だ。

『ショーケン 最終章』目次

第二章　出逢い

第三章　再始動

第五章　本物

第六章　原点

第七章　いのち

ショーケン 最終章

本書の企画は、「残された時間のなかで、自分の真実の声を書籍の形で残したい」という萩原健一さんの希望から二〇一八年十月にスタートしました。以降二〇一九年二月中旬まで九回のインタビューを重ね、原稿ができてからは、萩原さんが目を通して修正を加え、完成にいたったものです。

——編集部より

第一章

孤独

本書インタビュー｜2018年11月

一人で生きる

歩こう、と思った。

人生の節目節目に私は歩いてきた。四国八十八ヵ所のお遍路に初めて挑もうと決めたのは、後厄《あとやく》の四十三歳のときだ。

あのときは上り調子だった。仕事にも恵まれ、勢いづいていたころだ。おれはこのままでいいのか。いったん冷静になって自分を見つめ直さなきゃダメになる。そう思った。

お遍路をした一九九四年は、ちょうど母の十三回忌でもあった。

千四百キロに及ぶ巡礼の旅だ。途中で四十四歳の誕生日を迎えた。そう、あの日は台風だった。母親の話だと、自分が生まれた七月二十六日も嵐の日だった。これも何かの縁かな。そう思いながら歩き続けた。

スニーカー三足がボロボロになり、血尿を出しながら三十七日間で巡り終えた。そのときに味わったのは、心と体が洗われるような達成感だ。二度目は三十六日間で完歩。三度目は靭帯《じんたい》を損ねて途中で断念した。

二〇〇〇年、横浜・鶴見の自宅周辺を歩くウォーキングを始めた。五十歳を迎える記念の年に目標を立ててみた。節分の日から、遍路道千四百キロに相当する「五十六日間で二千三百十八キロ」を歩く。翌年は百日間で二千六百六十八キロ。このときは、がんを患った親友の病気平癒を願って歩いた。

その翌年は、やはりがんを患っていた上の姉、久子姉さんの願掛けのためにひたすら歩いた。

そしてまた、歩こうと思った。二〇〇六年夏のことだ。

ウォーキングは自分にとっては一つの行《ぎょう》であり、歩きながら瞑想をする「歩行禅」に近い。

再度、百日間で二千六百六十八キロのウォーキングに挑んだ。自宅周辺のコースを決めて、一日十六キロから十七キロ、長いコースは四十キロを歩く。

総持寺をはじめとするお寺を巡りながら、新横浜駅周辺まで歩いては引き返す。最後は自宅そばの急な坂を数百メートル上って家に戻った。

歩いていると、体から余分なものがどんどん削《そ》がれていく。消しゴムも使っているうちに丸くなるように、心も角が削られて丸くなっていく、そんな気がした。

日々のサイクルを保つため、一日の時間割と一週間の予定表を作った。

栄養士とトレーナーをつけて毎日ストレッチをし、一日おきに筋肉トレーニングとウォーキングを繰り返す。週三回は歩き、ほかの日は腹筋と背筋を千回ずつ行った。

朝三時に起きて、仏壇と神棚のお水を換え、仏さまに線香をあげて、お経を読む。洗濯をして三十分間、吸入器でスチームを吸う。長年酷使した声帯をケアするためだ。

ゴミを出して四時十五分に自宅を出る。八時十五分ごろ、ウォーキングから戻ると、植木に水をやってうがいをし、お守りを全部神棚に上げる。洗濯して、風呂を沸かして、食事を作る。食事は一日昼ごはん一食だけ。午後は掃除をして読書や勉強に当てる。夕方には洗濯物を取り込んで、夜七時には床につく。

もともと家のことは何もしない男だった。それが一人で暮らすようになってから、すべて自分でこなすようになった。

日々の生活をまるっきり変えたのには理由がある。どん底の生活から、どうにか抜け出したかったのだ。

家族との別れ

これまでの人生で私は何度かどん底を体験している。

最初は一九八三年、大麻の不法所持で逮捕された三十二歳のときだ。黙秘を続けた結果、五十四日間勾留された。初公判の日、重い病に臥せっていた母が息を引き取った。神様は私の代わりに母を連れ去るという罰を自分に与えたのだと思った。

判決の日から、私はマスコミを避けて瀬戸内寂聴さんの寂庵に身を寄せ、そこから天龍寺、東光寺、それから軽井沢、湯河原のお寺を転々として母の霊を弔《とむら》った。

二度目は立て続けに災厄に見舞われた。

まず二〇〇三年に、母親代わりになって何かと面倒を見てくれていた久子姉さんが亡くなった。翌年、交通事故を起こした。横浜の自宅近くの路上でバイクと接触し、相手がケガを負う人身事故になった。その前年に歩きすぎで左膝に疲労骨折を起こして足を引きずっていたため、駆けつけた警官たちに薬物の所持を疑われてしまった。

「おまえ、麻薬か覚醒剤やっていないか？」

現行犯逮捕された末、警察署に二十二日間、勾留された。

このとき、主演映画『透光の樹』降板後の出演料支払いをめぐって、私とプロデューサーの間でトラブルが起こっていた。私は契約書通りに全額支払いを求め、相手はすでに支払った出演料の返還を求めていた。

問題がこじれて二〇〇五年、恐喝未遂容疑で逮捕された。降板と逮捕の経緯をめぐってこれまでメディアで伝えられたことは、事実とはかなり違う。そのことは後でくわしく書くことになるだろう。

一審で懲役一年六月、執行猶予三年の有罪判決が下って刑が確定した。

逮捕と有罪判決によって俳優としてのイメージは地に堕《お》ちた。ハリウッド映画への出演を含め、持ち込まれていた仕事はあぶくのように弾け飛んだ。これから仕事が来るあてもない。それまで周りにいた仕事仲間たちは潮が引くように離れていった。

一九九六年に結婚した元ヘアメイクの妻とは長く別居状態が続いていたが、事件を機に二〇〇六年、離婚が成立した。籍に入っていたのは十年間だが、一緒に暮らしたのはそのごく一部に過ぎない。もともと親族には猛反対された結婚だ。幸せな結婚生活とは言えなかった。

家族との別れは、これだけではなかった。

私には二十四歳のときに結婚した最初の妻との間に娘が一人いる。養育費はきちんと払ってきたが、その後も折に触れて支援の申し出が重なっていた。阪神・淡路大震災が起こった際、神戸に住む母娘の身を案じ、現金を持って避難先に駆けつけたこともある。

まだ元気なころの久子姉さんから、噛んで含めるように諭《さと》された。

「お金のことはきちんとしておいたほうがいいわよ。でも後を引かないように、あなたからは渡さないほうがいい」

そう言われて、母娘には養育費とは別に、姉を通じて生涯十分に暮らせるだけのお金を渡していた。

事件後、東京まで会いに来た娘から「援助をしてほしい」と、また求められた。じゃあ、これまで渡してきた金はいったいどこに行ったんだ？　娘には正直に伝えた。

「おれはこれから一人で生きていかなきゃいけないんだ。もう父さんにお金はないんだよ」

実際、芸能界からは閉め出されて仕事といえる仕事はなく、生命保険さえも解約した状態だった。その後、娘の母親からも同じような電話がかかってきたが、もう勘弁してほしいと伝えて電話を切った。

それ以来、二人とは会うことも連絡を取ることもない。家族に別れを告げて、とうとう一人ぼっちになった。

見えない第二幕

人間は生涯に何度か危機に直面するときがある。そのときにどうするか。

難所は誰でも必ず渡らなければいけない人生の踏切だ。遮断機が下りている間、待つか、それとも遠回りするか。正念場だ、じっくり考えよう、と思った。

どん底だと落ち込んで愚痴ばかり言っても前には進まない。生活をまず整えよう。健康に気をつけて体をいたわろう。なにしろ独り者なんだから。

自分より上の世代を見ると、石原裕次郎さん、美空ひばりさん、勝新太郎さん、渥美清さん……一緒に仕事をしたりかわいがってもらったりした大先輩たちの多くが、五十代、六十代で人生の幕を閉じている。

当時は自分も五十代半ば。健康で気力さえあれば、きっとまたやり直せる。五十代は心身が大きく変わる時期だ。四十代までと同じような無茶をしていたら体が持たない。事件をきっかけに酒と睡眠薬をきっぱりやめた。

仕事を続けるためには、肉体的にも精神的にもしっかりした自己メンテナンスが必要になる。自分の場合、朝起きてから寝るまでの時間割を決めて、体を徹底的に使うことである。

また歩こう、と決めたのは、そんな時期だった。料理、洗濯、掃除、雑用を自分一人で完璧にこなす。時間割を埋めれば、独り身の寂しさは日々の忙しさにまぎれるだろう。

お金はあるに越したことはないけれど、お金でダメになる人間もいやになるほど見てきた。お金がないなら、生活水準を下げればいいだけのことだ。すると、これまでとは違った風景も見えてくる。

人間、下り坂にあるときが悪いとばかりは言えない。

それまでは、みんな頂上を目指して登っている。三十代、四十代の上り坂のときは、自分で上がっていることになかなか気づけない。五十代になって体力も含めてさまざまなことが下り坂に入ると、上り坂とのギャップに落ち込むことだってある。

しかし、足元ばかり見つめている上り坂とは違って、下り坂のときは遠くを眺めることができる。周りの良い面と悪い面が以前よりも見えてくる。全体を見渡しながら自分を見つめ直すことで、さらに成長できるチャンスがあるんじゃないか。

あと何年、元気に生きていけるかを考えて、人生の設計図を描いてみた。

これからが人生の第二幕だな。

けれども、第二幕がどんな舞台になるのかなんて、まったくわからなかった。

消えた映画

このころから、再起をかけた映画の企画がもち上がっては、途中で立ち消えになるというケースが繰り返し起こった。

谷崎潤一郎の『痴人の愛』を原作とする『ナオミ』は、私も脚本作りに参加した。蠱惑《こわく》的な少女に取り憑《つ》かれて自らを見失っていく男を私が演じる。

ルキノ・ヴィスコンティの名画『ベニスに死す』のように、圧倒的な美になす術《すべ》もなく惹かれる男の物語にしたかった。脚本は完成しオーディションまで実施したが、途中、資金が集まらないという理由で、企画そのものが消えうせた。

映画『朝日のあたる家』は私が脚本から参加し、非行少年を導く牧師役で出演した。降谷建志さんらも出演して作品は完成したものの、やはり最後に資金不足という理由でお蔵入りとなっている。製作や監督が交代し、キャストやスタッフのギャラは支払われていない（二〇一三年、同じタイトルで別の映画が公開された）。

私のヒット曲『大阪で生まれた女』をモチーフにした映画企画は、高田純さんの脚本だった。高田さんは神代辰巳《くましろたつみ》監督のもと、私が主演した『恋文』（一九八五年）、『離婚しない女』（一九八六年）で組んだ脚本家で、私もシナリオのアイデアを出した。

主人公の俳優は栄《は》えある映画賞を受賞したものの、麻薬の逮捕歴のために授賞式に出られない。雪の降るプラットホームのベンチでウイスキーの空き瓶をトロフィーに見立て、頬を濡らして受賞のスピーチをする――。そんなシーンを提案した。

高田さんは、書き上げた脚本を私に届けに来る途中、心筋梗塞のため倒れ、それと一緒に映画の話もなくなった。

岸惠子さんの相手役を演じて私の出世作となった映画『約束』（一九七二年）を、私自身が監督してリメイクするという話も、いつの間にか雲散霧消した。

映画の企画が最終的に実を結ばないというケースは、この業界ではけっして珍しくない。脚本やキャスティングの問題で中止になることもままある。

しかし、自分が関わった作品が、すでにオーディションをしたり撮り終えたりしたにもかかわらず、立て続けに暗礁に乗り上げる。

これはどう考えてもおかしい。いったいどうなってるんだ？

当時、私の付き人だったマネージャーから「あの話はなくなりました」という報告をその都度受けたが、要領を得ない。次々に「なくなる」企画に業《ごう》を煮やして関係者らに事情を尋ね回ったところ、ようやく事のからくりが見えてきた。

要するにそれは、映画製作を名目にした詐欺まがいの行為だったのだ。

まず、キャストやスタッフを記した映画製作の企画書を掲げて、資産家や投資家から製作費をかき集める。投資家たちを信用させるために脚本を見せたり、名の通った俳優や監督との面会の場を設けたりする。

しかし結局、集まったお金は自分たちの懐《ふところ》に入れてしまうのだ。当然、映画は完成しない。完成しても公開できない。計画が頓挫しても資金は返還しないまま。そもそも契約書があってないような業界だ。

もちろん、すべてがすべてそうだとは言わないが、つぶれた企画のいくつかは確実にその種のやり口だったとしか思えない。

出家しようかな

おれ、坊さんになろうかな。すべてを捨てて仏門に入るか——。

世の中に嫌気がさして、そんなふうに思った。

身から出たサビとはいえ、五十代半ばで数々の災厄に見舞われた。日本の映画を守りたい、美しい映画をつくりたいという一途《いちず》な思いが、逆に投資家をだまして私腹を肥やす道具にされた。芸能界がつくづく嫌になった。

映画界はすでに斜陽化し、テレビも以前のような活気をなくしている。芸能の道を断つことにまったく未練はない。どこかのお寺の住職になろう、と真剣に考えた。

一人きりの生活が無性にせつなくなることもあった。

早朝、一心に歩いているときは無心でいられる。けれどもスーパーで野菜やヨーグルトを買っているとき。買ったものを抱えて帰り、自宅で洗濯物を畳んでいるとき。おれはなんでこんなことをやっているんだ？

夕方、正座して洗濯物にアイロンをかけているとき。ふと大きなガラス窓に映っている自分の姿を見て吹き出した。参ったな。変なおかしみとわびしさに襲われた。

心の支えだった久子姉さんが亡くなっていたことも後押しした。

「おれ、出家しようかな」

昔からお付き合いのあったノンフィクション作家の澤地久枝さんに、そんなふうに電話で相談したことがある。

初めてお会いしたのは、私がまだ三十歳のころだった。といっても、六本木の中華そば店で、当時付き合っていた女優と一緒にいるところを澤地さんに目撃されただけだ。

そのエピソードをつづったエッセーを収めた澤地さんの著書『別れの余韻』が、私のもとに送られてきた。その後、お互いにお付き合いのあった岸惠子さんのお宅で食事をし、私の自宅にお招きしたこともあった。

私の出家願望を聞くと、澤地さんから返ってきた言葉は、

「私は亡命しようかな」

半分本気に聞こえた。日本という国に絶望していたんだろうか。

「澤地さん、それはちょっと待ってくださいよ。その前にどこかいいお寺を僕に紹介してくれませんか？」

「いいわよ」

私自身、若いころから比叡山延暦寺の千日回峰行を二度満行した大阿闍梨《だいあじゃり》の酒井雄《ゆう》哉《さい》さんや作家の瀬戸内寂聴さんら僧侶やお寺とのご縁があった。そのツテに頼ることもできた。

「でも、それじゃまるっきりでしょ」

そこに頼っては、なにか取ってつけたようなそらぞらしさがあると澤地さんは言う。私の仕事や家庭がうまくいっていないことを察していたようだ。

出家への思いは、ずっとくすぶっていた。あのままだったら、私は間違いなく出家していたと思う。もしもあの新しい出逢いがなければ——。

「錬金術」のからくり

私の中で何よりもショックだったのは、映画製作を名目とした詐欺まがいの行為に自分のマネージャーが加わっていた疑いがあるということだった。

白川道の小説『終着駅』を原作とした映画企画が最後になった。そこで私は盲目の女性に恋をするやくざを演じることになっていた。

二〇一一年二月のことだ。マネージャーから電話がかかってきた。

「大阪に行って、スポンサーの人たちと会ってもらえますか」

不審に思って相手や場所をくわしく聞くと、言を左右にしてはっきり答えない。なおも問い詰めると、

「あ、いま電車に人が飛び込んだみたいで……ちょっと降ります」

と急に携帯電話を切られた。様子がおかしいので、同伴する予定だった映画監督に電話すると、彼もくわしくは何も聞かされていなかった。

「いや、萩原さんが行くと言うので、じゃあ自分も行きますと言っているんだけど

……」

その日から、マネージャーは私の前に姿を現さなくなった。

グループの首謀者は二〇一四年五月、映画製作への出資と称して約三千万円をだまし取った疑いで警視庁に逮捕されたが、結局、不起訴処分となった。

前妻の紹介で仕事を頼むようになったマネージャーとは短くはない付き合いだった。かばうわけではないが、最初は彼もそんなからくりを知らなかったんだと思いたい。けれども、お金は人を変える。簡単に大金が手に入る「錬金術」に目がくらんだのか、いつの間にか周りに染まっていったのかもしれない。

そんな人間を長年そばに置き、自分の周りで起こっていることをきちんと見抜けなかった自分にも責任がある。仕事の窓口として頼りきり、見方が甘くなっていた。振り返って考えると、以前から不審な言動はいくつもあったのだ。

マネージャーと決別するまでには、かなりの時間がかかった。彼に預けていた資料や書類の返還を求めて内容証明郵便を送付したものの、いまに至るも音沙汰はない。弁護士を挟んだ事務所や契約の整理にはひどく消耗した。

このころよく悪夢にうなされた。身に覚えのないことで責任を問われたり、追いかけられたりする夢だ。

「ショーケンの名前を使えばいいじゃないか」

そんな言葉を何度聞いたことだろう。「萩原健一」の名前を使って企画を立ち上げたりお金を集めたりする。芸能界は光が強いぶん影も濃い。裏切りやごまかしが、ごまんとある。知ってはいたものの、心底うんざりした。

『ショーケンという「孤独」』

二〇〇九年九月、フジテレビの「ザ・ノンフィクション」という番組で、『ショーケンという「孤独」』と題するドキュメンタリーが放送された。映画『TAJOMARU』(二〇〇九年)で俳優として復帰する私の一年を追った記録だった。

『TAJOMARU』は、関わった映画企画が次々につぶれていたときに、脚本家の市川森一さんから声をかけられ出演した映画だ。

「とにかく、ああいう連中には気をつけろよ。そんなのに構ってないで一緒にやろうよ」

市川さんと知り合ったのは私が二十歳すぎ、彼も駆け出し時代だった。その後、テレビドラマ『太陽にほえろ！』や『傷だらけの天使』でともに一線で仕事をするようになる。

『ＴＡＪＯＭＡＲＵ』は芥川龍之介の小説『藪の中』に登場する盗賊・多襄丸を指している。誰でも黒澤明監督『羅生門』を重ねるだろうが、時代も設定も変えたオリジナルの時代劇だ。

時代は室町末期。大納言一族の姫と財宝をめぐる陰謀と確執の物語のなかで、私は将軍足利義政を演じた。

『天使の牙Ｂ．Ｔ．Ａ．』（二〇〇三年）から約六年ぶりのスクリーン復帰となる。この役で私は「日本映画批評家大賞」の審査員特別男優賞を受賞した。

ドキュメンタリーの取材スタッフには「何でも撮っていいよ」と告げていた。それだけに当時の私がそのまま映し出されている。

杖をついてウォーキングする姿。お寺で数珠を手に必死に念じる姿。スーパーでメモを片手に買い物をする姿。音楽ユニットにボーカルで参加する姿。『ＴＡＪＯＭＡＲＵ』のせりふを現場で突然変えられて戸惑う姿——。

番組は、私と市川さんが次に構想していた映画『夜行列車』のロケハンのため列車に乗り込むシーンで終わる。ロダンの彫刻「考える人」を移送する運び屋と強奪犯の攻防を描くサスペンス・アクションだ。

「列車をまるごと燃やせないかな」

「夜の雪景色の中を燃えながら走る列車、見てみたいね」

「すごくきれいだろうな」

二人であれこれとアイデアを出し合ったことを思い出す。しかし、映画の構想が具体化する前の二〇一一年十二月、市川さんはこの世を去った。

別れの一方で、このドキュメンタリー番組は、私の人生を根底から変える新しい出逢いを用意することになる。

第二章

出逢い

行きつけのカフェにて｜シンガポール｜2015年6月

母への思い

冨田リカさんに初めて会ったのは、二〇〇九年十月、雑誌「美STORY」(光文社)での対談企画だった。

彼女については何も知らなかった。いまをときめく「カリスマ主婦モデル」と聞いたが、当初、担当編集者の女性を彼女と勘違いしたくらいだ。

リカさんは幼稚園の先生から幼児教育の教室を営み、四十一歳で読者モデルに転身し、一方で朝の情報番組のコメンテーターとして活躍していた。

ドキュメンタリー『ショーケンという「孤独」』をたまたま見て、挫折のたびに這い上がってきた私の姿に心を動かされて対談を持ちかけたという。

対談の場所は、十代のころから親交があるデザイナー菊池武夫さんの南青山のショップだった。

おおよその世間と同じく、彼女は私に物騒で扱いづらいイメージを抱いていたそうだ。どうにか場をなごませようと、自家製のアップルパイを持ってきていた。

「よろしくお願いします。すみません、最初に申し上げますが、私はもともと萩原健一さんのファンではございません。でも萩原さんのドキュメンタリーを見て感動しました。私はこの雑誌で、いくつになっても新しいチャレンジをするのに遅くはないと提唱してきました。萩原さんの生き方が私と同世代の読者の気づきにつながればと対談をお願いいたしました」

「いや、あなたはすごく正直な方ですね」

そんなやりとりから始まった。

撮影のため、青山の銀杏並木の下を二人で歩いたとき、軽く言葉を交わした。

「この十月に、年老いた母親を連れて京都に行くんです。母に真っ赤な紅葉《もみじ》を見せてあげたいと思って」

彼女が何気なく口にしたその言葉に触れたとき、突然、つーんと来た。

この「つーん」には覚えがあった。そう、初めて四国八十八ヵ所のお遍路に挑んだときだ。遍路は最後の八十八ヵ所目に到達したとき、無上の充足感に満たされるのかな、と私は勝手に想像していた。

ところが、六十六番の雲辺寺で手を打った瞬間、その感覚に見舞われた。

背骨から頭のてっぺんにピシャッと気が走り、スコーンと抜けたように心が晴れ渡る。わずか一秒にも満たない瞬間の出来事だった。

その不思議な感覚をもう一度味わいたくて、二度、三度とお遍路に挑むことになるのだが、彼女の紅葉の話を聞いたとき、それと同じくらい全身が洗われたように、さわやかな気持ちに満たされた。

母親を思う気持ちに惹き起こされたのか、昔、母をおんぶしたときのことをふと思い出した。あれは母が子宮がんを患っていたときだ。

おんぶされた母は、どこか居心地が悪そうだった。おんぶ姿で階段を上っているとき、母が失禁してしまう。彼女はひどく恥ずかしそうにしていた。息子にも抱く恥じらいの感情に接して、思わず母親のなかの女性に触れたような気がした。

母親のなかの女性に触れたのは、そのときが最初ではない。私には四人の兄姉がいたが、私とは父親が違う。私が生まれたとき父はすでに戦死しており、母が家庭のある男性との間に生んだ子が私だった。

私が十七歳のころ、そのことについてただしたことがある。

「いまみたいじゃなく、私にも若いときがあったのよ」

母はそう語った。

なぜそんな母の思い出がよみがえったのかはわからない。ただ、私の中で音叉《おんさ》が共鳴するように、紅葉の話と響き合った。

順番を踏んだ交際

対談の相手は真っ白でうそがない人だと思った。彼女が対談の下準備に読んでいたという自伝『ショーケン』にサインを求められたとき、メールアドレスと携帯電話の番号を交換した。

翌日から彼女に毎日のように電話をかけるようになった。

今日あった身近な出来事から仕事の話、信仰の話を夢中でしゃべり続けた。とにかく話したい。彼女は当初、大いに戸惑ったと思う。

当時、本音で話すことができるのは、教育現場で障害児の世話をしていた姪と彼女だけだった。リカさんは四十代で再び大学に社会人入学し、心理学を学んでいる。途中から彼女は私にいちいち聞き返すことをせず、ひたすら私の話に耳を傾けるようになった。

電話のなかで、室生犀星の『あにいもうと』を読むよう彼女に勧めたことがある。対立する兄と妹の複雑な情愛を描いた短編小説だ。以前、今井正監督でこの物語を原作とした映画への出演オファーをもらったことがあった。

夫がいるリカさんには、自分のなかの思いを押し止めるために兄のような気持ちでいたいと思った。家族ぐるみで付き合おうと、彼女のご主人を交えた食事に誘ったこともある。

正直に言うと、彼女に出会うまで、もう女性は懲り懲りだと思っていた。数多くの女性と恋愛し、三度の結婚に加えて五年半の同棲生活を送ったけれど、結局はどれもうまくいかなかった。

仕事と恋愛の切り替えがへたで、ドラマのなかの恋愛がそのまま私生活につながる。言ってみれば擬似恋愛だ。付き合った女性のほとんどは芸能界か、その周辺の業界に生きている人たちだった。相手が女優の場合は、私の共演者と競い合ったり、俳優としての私に嫉妬を抱いたりすることもあった。

その果てに女性不信に陥ったのか。ずっと一人でいい、もう恋愛も結婚もしない、と信じ込んでいた。

リカさんに出会ったとき、私はほとんど芸能活動をしていなかった。その意味では、萩原健一という名の芸能人ではなく、本名の萩原敬三という一人の男として私に接したのはリカさんが初めてだったように思う。

付き合い方にしても、それまではいつも体の結びつきから始まった。そこから交際が始まり、同棲や結婚につながっていく。メールや電話でやりとりをしてだんだん親しくなり、次第に気持ちが傾いていったのは、やはり初めてのことだった。

彼女は彼女で自分の成長のための独り立ちを決意し、順調だった夫婦生活に区切りをつけて一人暮らしを始めた。それから一時期、音信不通となり、やがて彼女から「籍を抜いた」との報告があった。

横浜の中華街を二人で歩いている写真が女性週刊誌に掲載されたのは、それから間もない二〇一〇年八月のことだ。「ショーケンの新恋人」という見出しが躍った。

そこからはもうマスコミの格好のネタだ。お決まりのように大勢のマスコミが自宅に押し寄せてきた。そんなときは逃げ隠れせず、言うべきことを言う。これまでもそうしてきたし、そのときも私は取材陣を前にコメントした。

「週刊誌の報道は当たっているところもあれば、はずれているところもあります。同棲はしていません。明日、正式に、お茶飲み友達から付き合ってください、と本人に告白します」

その言葉通り、翌朝、リカさんに向けて交際を申し込むメールを送った。

「六十にもなって」と笑われるかもしれない。自分でも「もう六十だ」と思っていた。でも彼女に会って「まだ六十だ」と思うようになった。「もう」から「まだ」に変わっただけで、人生はその色をまったく変える。

送信したのが朝の慌ただしい時間帯だったため、このメールを読まないまま彼女は朝の情報番組『スッキリ!!』のコメンテーターとしてコメントを求められる状況に立たされた。

彼女は、まず夫とは円満離婚であることを伝え、私との関係は、

「いいお友達です。かわいがっていただいて、人生の大先輩です」

と答えるにとどまった。しかし、メールを読んだ翌日の電話コメントで、はっきりと交際宣言をした。

中華街での写真をはじめ、このころから私たちに関する極めてプライベートな情報

が次々マスコミに漏れるようになった。情報源は誰か？　最初に疑ったのは、私たちが懇意にしていたあるプロデューサーだった。率直に問いただすと、彼は否定したうえで意外な提案をした。

「情報を握っている人間はごくごく限られています。それぞれに別々の情報を流したらどうでしょう。公になった時点で誰がリークしたかが特定できるし、もし公にならなければ、私が犯人ということになります」

その提案を実行に移した結果、情報を漏らしていたのは私のマネージャーだったことがあっさりわかった。外出する際、私は念のためマネージャーに逐一、自分の居場所を連絡していた。私の行動は週刊誌にも筒抜けだったわけだ。

映画企画のスポンサーと私が会うお膳立てをする彼を問い詰めたのは、彼を疑うに足る決定的な証拠があったからだった。

おまえはどこにいる

二〇一一年二月六日、私たちは神奈川県の箱根神社で結婚式を挙げた。

それまでは結婚しても、メディアを意識した披露宴を開くだけで、肝心の式を挙げたことがなかった。神前式はお互いに初めてだ。当日は家族とともに親しい友人を招き、自分たちでデザインした結婚指輪を交換した。

一週間後、山梨県甲府市の常磐《ときわ》ホテルで行われた「山梨文学シネマアワード2011」の授賞式に夫婦二人で出席した。『ショーケンという「孤独」』が特別賞と個人賞（リヤドロ・アワード）を受賞したのだ。

祝賀パーティーで登壇した市川森一さんが、いきなり私たちの入籍をみんなに告げ、「おめでとう」と祝福の言葉を贈ってくれた。会場は拍手喝采に包まれ、私たちはパーティー後、取材陣に囲まれることになった。

交際からプロポーズ、ご家族への挨拶と、順を踏んでたどりついた初めての結婚だ。親族も初めて賛成してくれた結婚相手だった。

けれども、二人の生活は最初からスムーズにいったわけではない。いやむしろ、二人が時に激しくぶつかることもあった。

彼女からはよく「普通はこうじゃない?」「一般的にはこうよ」と言われた。ところが、十代後半から芸能界で生きてきた私には、その「普通」や「一般」がわからない。

彼女は私の表現や考え方に対する疑問も含め、思ったことを感じたままに口にする。事あるごとに衝突し、時に私が怒って罵声《ばせい》を浴びせることもあった。

いま振り返れば、私はこれまで触れたことのない「常識的なこと」や「普通の考え方」に戸惑い、窮し、怒ることで自分を守っていたのかもしれない。

そんなとき、彼女は全身全霊で私に向き合った。

「いじわるで言っているわけじゃない。私は家族だから本当のことを言っているの。誰でも怒鳴り返されるのはいやでしょ。だから親戚も周りも言わなくなっているのよ。言われて痛いとわかっていることを言うのは、言われた人よりもつらいの。それをわかって。だから耳を傾けてほしい」

全身で訴える彼女は一度、貧血で失神し、近くの病院に運び込まれたこともあった。

そのとき思い出したことがある。大麻の不法所持で逮捕されて保釈されたとき、すでに危篤状態にあった母から言われた言葉だ。

「敬三、おまえはいったいどこにいるんだ?」

「え？　おれ、ここにいますけど」

「違うよ。おまえはいったいどこにいるんだ！」

「えっ？」

母は涙を流しながら、怒りに体を震わせていた。

「おまえはどこにいるんだ！」

私はいったい何を言われているかわからなかった。結局、それが母との最後の会話になった。

これまで自分の人生は、ほとんど萩原健一を生きてきた。本名の萩原敬三は芸能界デビューした十代の後半から、どこかに置いてきたままだった。結婚式を挙げず、華やかな披露宴ばかり開いてきたのは、プライベートなセレモニーでもやっぱり萩原健一のままだったからだろう。

芸能界で呼吸して、さまざまな敵と戦いながら生き抜くうちに、本来の自分がどこにいるのか考えることすら忘れていた。

あのとき、ショーケンはいったいどこにいたんだろう。

糸が切れたように自分の魂がふわふわとさまよっている。どこに飛んでいくかわからない。母の言葉はそのことを指し示していたんじゃないか。

新しい結婚生活も、しばらくはやっぱり萩原健一でいた。彼女も「あなたはいったいどこにいるの?」と必死に問いかけていたんだと思う。

それでも彼女とぶつかりながら信頼を深めていく日々を積み重ね、少しずつ自分を俯瞰《ふかん》して見ることができるようになっていったように思う。

おれは、ここにいるよ。

やっと、そんなふうに言える気がした。

過去を始末する

二人が当初暮らしたのは、横浜・鶴見の自宅だった。

建てて三十数年は経っていたが、実際のところ、私はそれほど長くは住んでいない。六本木、渋谷、白金、原宿とすみかを転々とし、そのたびに一緒に過ごす女性が変わる奔放な生活を繰り返していたからだ。

パートナーと別れるたびに、横浜の自宅を倉庫代わりにして家財を送り届けていた。

その都度、整理したり掃除したりして面倒を見てくれたのが、久子姉さんだった。その家はいつか姉にプレゼントするつもりでいたのだが、その前に彼女はこの世を去ってしまった。

その後もさまざまな人が出入りして、それまでの喜怒哀楽、迷いや苦しみを宿した膨大な過去が、その大きな家に堆積していた。

重い過去を引きずって生きるのは、このあたりでやめにしよう。心機一転、いったんすっかり身軽になって、新しい一歩を踏み出そう。

そう考えて自宅を処分し、東京に新しく家を建てることにした。

そのため自宅に詰まっているおびただしい数の品々をすべて捨てることにした。家具や電化製品、衣服をはじめ、ビデオもアルバムも片っ端から処分した。

これまで出演した映画やドラマの脚本や企画書、参考にした大量の本が書斎から次々に出てくる。台本をパラパラ開くと、細かく書き込みをしたり、マーカーを引いたりしている。あれもこれも心血を注いで取り組んだ作品だ。

おれ、よく働いたよなあ。

一つひとつに思いがみっちり詰まっている。数々の思い出がよみがえり、胸に迫った。

台本を始末するときは、ぼろりと涙がこぼれ出た。

新しくつくったファンクラブ「ショーケントレイン」を解散したときに、会員の人たちに台本を一冊ずつランダムにプレゼントした。それでもまだ段ボール一箱分の台本が残っていたが、それも後日、処分した。

歳を重ねることは、必ずしも何かを失うことではない。むしろ不要なものが削ぎ落とされて、そのぶん大切なものの濃度がどんどん高まっていく。

台本を廃棄したのは、単に過去を清算して身軽になるという意味だけではなかった。

新しい作品、新しい役に取り組むときに、「こういう芝居、前にやったことがあるんじゃないか?」「これは昔やったぞ」と過去の作品を参考にしてみたくなることがある。一度振り返って参照すれば、次々に繰り返してしまう。

しかし、よっぽど大事な表現ならば、体に刻みつけられて自然と新しい台本に生かされていくはずだ。その都度、過去を探し回って昔の財産に頼っていると、感覚が磨かれないどころか、逆に劣化してしまう。

いや、じつはなぞるに足るほど価値あるものを自ら生み出した覚えもない。

同じようなせりふ、似た心情であっても、過去は過去であり、いまじゃない。その時その時に自分の頭と気持ちをフル回転させて、いま必要と思える表現を生み出せばいい。

手術

二〇一一年、結婚した後に入った人間ドックで、小腸に出来物が見つかった。自覚症状はまったくなかったが、「ジスト」（ＧＩＳＴ＝消化管間質腫瘍）という初めて聞く病名を告げられた。医師からは、

「一般的ながんとは違うものです。手術でこの腫瘍を取りきれば、とりあえずは心配いりません」

と言われたため、夫婦ともに深刻な病気だとはまったく思っていなかった。

六月、腹腔鏡手術で小腸を覆う直径数センチの肉腫を小腸ごと切り取って、切った

小腸をつなぐ手術を受けた。妻が撮った肉腫の写真を見ると、凶々《まがまが》しい色と形をしている。それでも医師からは「きれいに取りきることができました」と言われ、安心していた。

手術からさほど経っていないころ、東京でライブを開いた。よくあの体でライブをこなすことができたと思うが、ステージは自分でも満足できるほど上々の出来だった。

私は過去にも大きな手術をしたことがある。

一九九一年、ある朝起きたら、めまいがしてまっすぐに歩けない。右耳に難治性の真珠腫性中耳炎《しんじゅしゅせいちゅうじえん》を発症していた。耳だれがひどく、一ヵ月入院して手術した。このためNHK大河ドラマ『太平記』で演じていた新田義貞役は、途中降板を余儀なくされた。四十一歳、前厄の年だった。

七年後に真珠腫性中耳炎が再発し、やはり入院して手術した。このときも予定していたドラマの主演を断念せざるを得なかった。

二度にわたる手術のため、私は右耳がいまもよく聞こえない。そのせいで普段から人の声が聞こえなかったり、つい大きな声を出したりしてしまう。それが誤解を招くこともあった。

二度にわたって大病を患ったため、自分の健康管理には人一倍気を遣ってきたつもりだ。年一回、人間ドックに入っていたし、毎月、血液検査だけは欠かさずに続けていた。このため特徴的な自覚症状がないジストを発見できたといえる。医師からは、

「手術の後、抗がん剤を飲む方もいますが、萩原さんは大丈夫でしょう」

と言われ、抗がん剤などの薬の服用や定期診断もないまま過ごしていた。

二〇一三年に都内の別の病院で、がん検査のためのＰＥＴ検査を受けたときも、とくに異常はなかった。

痙攣発作で倒れる

倉庫のように使っていた横浜の家を処分するとともに、東京に自分たちの家を建てることにした。

日々の時間を過ごす住まいは心地良いものにしたい。内装も調度品も自分たちの好みに合う上質でシンプルなものを選び、ドアノブ一つにもこだわった。

同じころ、自分たちの墓を買い求めた。これも墓石の素材選びから始まり、名前はモダンでシンプルにローマ字で「ＨＡＧＩＷＡＲＡ」とだけ刻んだ。

私が横浜の自宅で突然倒れたのは、このころだ。

夜の八時ごろ、ソファーで横になっていると、突然、脳がショートしたかのように頭が朦朧《もうろう》とする。全身が痙攣《けいれん》して動けなくなった。すぐに救急車で病院に運ばれた。

といっても、当人はまばらにしか覚えていない。あとで妻から聞いた話では、彼女は私を介抱しながら、とっさの判断でかかりつけだった東京の担当医に連絡し、救急車を呼んで横浜から東京の病院に運び込んだ。

自分でもはっきり覚えているのは、病院に向かう救急車の中で、携帯メールに妻宛ての「遺書」を懸命に打ち込んでいたことだ。

自分がいなくなった後、彼女の身に降りかかるかもしれないトラブルを事前に回避するため、注意を促す内容だった。後になって弁護士から「メールは遺書にはならない」と教えられることになるのだが。

集中治療室に身体を拘束されたまま二日間とどめられ、入院は三週間に及んだ。同じフロアには瀕死の患者が何人もいて、気がつくといなくなっていた。

おれもここで逝《い》くのかな？　このときは死を意識せざるを得なかった。

痙攣の原因はわからず、結局、病名はつかなかった。

ただ、思い当たるとすれば、倒れる前の三日間、睡眠をほとんど取っていなかったことだ。横浜の自宅売却、新居の建設、お墓づくりの三つを同時に進めていたら、気が張って眠ることができなかった。

「人間の体は命の危険を察知すると、自動的に自分でスイッチオフにするんですよ。ブレーカーを勝手に落とすわけです」

医者からはそう告げられた。

この「スイッチオフ」はその後、旅先の香港でも起こった。妻と二人でマッサージを受けて、日本食レストランで注文をした直後、また全身痙攣が起こった。

彼女はレストラン店員とホテルにいたスタッフに指示を出し、あらかじめ担当医が指示していた通りに対処して事なきを得た。彼女の冷静で迅速な対応によって、私は二度救われたことになる。

そのときは、一念発起して着手した脚本の執筆に没頭していた。デスクに座りっぱなしでパソコンに文字を打ち込む作業に集中すると、頭がどんどん冴えてくる。やはり何日も寝ていない日が続いていた。

目の前のことに集中すると、よそ見できずにのめり込んでしまう。それが行き過ぎて限度を超してしまう。これまでの人生で繰り返してきたことだ。

モルディブ旅行

二〇一三年の夏、東京の新居が完成し、新しい生活が始まった。

この年の秋、途中で水に流れたのが、朗読活劇と銘打った舞台公演『空海』だった。

四国八十八ヵ所霊場の開創千二百年（二〇一四年）を記念した公演で、空海の生誕地・総本山善通寺（香川県善通寺市）、金剛峯寺（和歌山県高野町）、東京で上演を予定していた。

善通寺での公演は、夕暮れの境内を舞台に、バイオリン、フラメンコギターなどの演奏、舞に合わせて私が空海の生涯を語る。

お遍路とは縁浅からぬ関係なので、私としても気合が入っていた。すでに脚本はできあがり、善通寺で記者会見までしたが、結果的にプロデューサーが寺社側と十分な信頼関係が結べず、立ち消えになった。

仕事のオファーを待っていてもストレスが溜まるばかりだ。時間があるなら、二人で旅行に行こう、と夫婦で海外にたびたび出かけた。

これまで国内も国外もさまざまな場所を訪れた。けれども、どれにしたって仕事絡みか自分磨きで、予定を決めない気ままで自由な旅は初めての経験だった。名所旧跡巡りには二人とも関心はない。のんびり時を過ごし、リフレッシュするための癒やしの旅だった。

日本を発つ飛行機に乗った瞬間、ふっと気持ちが軽くなる。機内ではなぜかぐっすり熟睡できた。日本にいるだけで無意識のうちに「萩原健一」を背負っていたということだろうか。

バリ島や香港、韓国、マレーシア、シンガポール……。夫婦で行った海外旅行の中でも、モルディブ旅行は人生のターニングポイントになったといえるかもしれない。

二〇一四年秋、雑誌「GOLD」(世界文化社)の企画で訪れたモルディブは、インド洋に浮かぶ熱帯の国だ。無数の島々と珊瑚礁の美しさに目を奪われる。「世界一きれいな海」と呼ばれるだけあって、淡い水色からエメラルドグリーン、深いネイビーブルーまで、さまざまな青に彩られた海は、ため息が出るほど鮮やかだった。

一つの島すべてがプライベート・リゾートになっていて、水上コテージで食事をし、真っ白な砂浜が続くビーチを二人で歩いた。

桟橋から遠くの海を眺めていると、大自然のエネルギーをチャージされたようで、なぜか大きな声で叫びたくなった。自分に気合を入れるかのように、お腹を叩きながら声を発した。

「よしやるぞ！　がんばるぞ！」

以前は自分のことを「歳を取ったじいさん」と思っていた。けれども新しい出会いを得て、「歳を取るのも悪くないな」と思うようになっていた。それがエネルギーになって、人生まだまだがんばるぞ、と気持ちが高ぶった。

カメラマンやヘアメイクらスタッフたちと妻がなごやかに歓談している。これまで自分は監督や演出家たちと意見を激しくぶつけ合って生きてきたけれど、

「ああ、厳しく生きるだけが人生じゃないんだな」と気づかされた。

自分の目の前に勝負や損得とは無縁の人々の温かな交流があった。何の手も加えて

いない自然の海があった。

そんなごまかしのない美しさに包まれて、今度は涙が溢れて止まらなくなった。自分でもわけがわからず、おかしくなって、泣き笑いのようになった。

「もしも余命宣告されたりすることがあったときには、ここで死にたいな」

思わずそんなことを口にしていた。そのときは本当にそんなふうに思ったのだ。

モルディブは二人にとって特別な場所になった。私たちが夫婦でモルディブ親善大使となったのも、ここの縁を深めていきたかったからだ。

再発

二〇一五年四月、PET検査を受けたときのことだった。結果を聞くために妻と二人で入った診察室で担当医から通告された。

「ジストが腹膜播腫《ふくまくはしゅ》で再発していることが確認されました」

腹膜播腫とは、がん細胞が臓器を超えて腹膜に種をばらまくように無秩序に散らばって転移した状態で、手術はせずに抗がん剤による治療を行うという。

一瞬、頭の中が真っ白になった。何も考えられなかった。健康に気を遣っていても、病気になるときはなる。考えてみれば、母親も姉もがんのために亡くしている。私も遺伝的にはがん体質だ。

ああ、そうなのか、と思った。「まあいいか」でもなければ、かといって「病気と闘うぞ」でもない。まるっきり現実感がなかった。

ジストの再発がいったい何を意味して、これから何が起こるのか。その後、病状がどんどん悪化することなど、このときは想像もつかなかった。それでも検査を受けなければ、さらに発見が遅れていたに違いない。それを思うとゾッとした。

それから二日ほどして思った。

これは行動を起こさなきゃダメだな。でもどうやって行動に移せばいいんだ？

このまま治療に専念するのも一つの選択だろう。しかし、ゴシップや病気のために妻に迷惑をかけてばかりの人生で終わるのか。それは一人の男としてどうなんだ？

これからの生活を設計していかなければならない。専門家に相談しながら、これから先のことを考えつつ身辺整理に着手した。

新築の自宅は三百平米近い広さがあったので、中も外も掃除と管理がたいへんだった。人を雇ってメンテナンスをしていたが、歳を取るに従って広い家はどんどん重荷になるだろう。

しかも、この間は仕事がほとんど入っていないため、貯金を取り崩して暮らす日々が続いていた。これから高額の治療費もかかる。二人が思いを込めて建てた自宅も手放さざるを得ない状況にあった。

肚《はら》を決めるときだった。

ここで芸能人として生きてきた自分の人生に区切りをつけ、残された時間をこれまでとは違う生き方をしよう。そのためには誰も萩原健一を知らない海外で暮らそう、と思った。

それまで訪れた海外で、私たちが長く滞在し、最も快適で過ごしやすかったのがシンガポールだ。思い切って自宅を売り払うことにして、シンガポールへの永住に向けて手続きを進めた。

自宅売却の話を妻にすると、「はい」という二つ返事で決まった。もっと戸惑うかと思ったが、モノへの執着は二人ともなかった。

シンガポールに発つ前に担当医から言われた。

「萩原さん、あと五年がんばりましょう」

シンガポールでは抗がん剤を飲み続け、月に一度は帰国して病院で診察を受けることになった。

シンガポール暮らし

シンガポールでは2LDKのマンションを借りた。

午前中に新鮮な食材を求めて一緒にスーパーに行って買い物をする。シンガポール人は外食がメインなので、マンションのキッチンは狭い。そこをやりくりして妻が料理を作る。それを一緒に味わう。ずっと断っていたお酒も二人で楽しむようになり、ごく普通の夫婦の時間を過ごした。

若いころ、パリやロンドンのオープンカフェで年配の夫婦が仲良くコーヒーを飲んでいる姿を見てはうらやましいと思った。

ああ、いいなぁ。

他愛ないと笑われるかもしれないが、カフェで夫婦二人、ゆっくりお茶をするのが長年の夢だった。

それがこの歳になって、思いもかけず実現した。食後、コーヒーチェーン店に寄る。コーヒーをセルフでテラス席のテーブルに運ぶ。通りを行き交う人々を眺めながら、夫婦でとりとめもない言葉を交わす。

とても穏やかな時間が流れている。やすらいだ感覚が全身の細胞を満たしていく。彼女がカウンターにコーヒーカップを返しに行っている姿を見ているうちに自然と涙が溢れた。

日本を出て海外で暮らすことは、私生活以外でも収穫があった。日本の芸能界、日本のメディア、日本の文化を外から眺める。そこでずっと生きていた自分を外側から見る視点を得られたように思う。

私たちの世代は欧米の文化に大きな影響を受け、憧れをもって見つめてきた。しかし言うまでもなく、日本にも美しく立派な文化がたくさんある。新たに発見したり、認識をあらためたり、外から眺めて初めて気づくことがある。けれども、日本を離れた自分が芸能界に戻ることはもう二度とないだろうと思っていた。

ところが、神様のいたずらだろうか。シンガポールに移り住んでから、大きな仕事が舞い込んできた。

それから、私は次々に良質で手応えのある仕事に恵まれることになる。仕事は何度目かの上り坂に入ろうとしていた。しかし、上り坂と下り坂は、実のところ紙一重だ。

上っているときは苦しさのあまり、つい身に付けているものを捨ててしまう。身軽になるぶん、無防備になる。後ろへ転がったら大けがをして、坂を転げ落ちるかもしれない。

絶頂の時代とどん底の時代はいつも隣り合わせにあり、同じだけの危険性をはらんでいる。その両方を何度も経験してきた私は、そのことを痛感してきた。

ただ、今回は人生の同伴者がいた。

第三章
再始動

『鴨川食堂』台本読み｜京都｜2015年9月

帰国を決断する

シンガポールに移住する前に、私の仕事の全体を切り盛りしていた妻と一緒にNHKを訪れて、知り合いのプロデューサーに掛け合ったことがある。仕事は待っていても来ない。格好を付けずに自分から売り込みにいけばいいと考えた。

ちょうど高倉健さんが亡くなったころだから、二〇一四年の秋だった。妻が訴えた。

「昭和の大スターがどんどん亡くなっています。彼らの財産をいま引き継いでいかなければ、映像表現の現場がやせ衰えていくばかりです。主人はまだまだ動けるし、仕事に対する意欲を持っています。お手伝いできることがあれば、お手伝いさせていただきます」

シンガポールに移住して間もないころ、NHKからBSの連続ドラマ『鴨川食堂』出演のオファーがあった。

快諾はしたものの、仕事にまつわる作業のほとんどはシンガポールですることになる。月に一回帰国しているとはいえ、病身だけに厳しい仕事になるだろう。相応の覚悟が必要だった。

ドラマの舞台は京都の東本願寺近くにある小さな食堂だ。そこは、看板娘とその父親の料理人がさまざまな悩みを抱えたお客さんの「思い出の食」を調査する探偵事務所でもある。思い出の味を再現することで、お客さんの傷ついた心を癒やして、生きる勇気を与える。ミステリーとグルメの要素を織り込んだ人間ドラマだ。

脚本は池端俊策さんをはじめとする四人。演出は大河ドラマ『太平記』『秀吉』を手がけてきた名ディレクターの佐藤幹夫さんら二人。

池端さん、佐藤さんとはＮＨＫドラマ『幸福の条件』（一九九四年）で仕事をご一緒した。過去の不倫関係に罪の意識を引きずるベテラン編集者が瀬戸内の断食道場で過ごす十日間を描いたドラマで、私は断食道場の院長を演じた。滅多に出会えない良質なドラマだった。

一話完結の『鴨川食堂』の台本はまだ完成していない。東京でプロデューサーや演出家とじっくり打ち合わせをした。

その後、日本からシンガポールに送ってもらった台本と音声データでせりふを覚え、京都弁の練習を重ねた。

すると自分のなかで影を潜めていた芝居への思いが、またぶすぶすとくすぶり始め、やがて炎をあげて燃え盛ってきた。

いい作品をつくるためには、中途半端な関わり方では済まされない。撮影となれば、すべてをそこに注ぎ込む必要がある。日本とシンガポールの二股生活では到底それはできないだろう。

平和で穏やかな暮らしに満足はしていたものの、帰国を決断した。結果的にシンガポールの生活は、これから本格的に始まる仕事に向けた充電期間となった。

この仕事を続けるのは、おそらく自分の宿命なのだ。

伝説のドラマ

私が演じる食堂店主の鴨川流《かもがわながれ》は「元刑事の探偵で料理人」というちょっと変わった設定だ。刑事の勘と洞察力を生かし、探偵としてお客が本当に望む食を調査し、料理の腕を振るって思い出の味を再現する――。

考えてみれば、私が過去に出演してヒットしたドラマ『太陽にほえろ！』（一九七二～七三年）のマカロニ（刑事）、『傷だらけの天使』（一九七四～七五年）の小暮修（探偵事務所調査員）、『前略おふくろ様』（一九七五～七六年）の片島三郎（板前）を合わせたような役柄じゃないか。

キャスティングしたNHK側にも、どうやらそのことが念頭にあったらしい。スタッフたちは熱く語ってくれた。

「これは萩原さんのために作ったドラマなんですよ！」

ドラマのなかで殉職したマカロニ刑事は別として、『傷だらけの天使』と『前略おふくろ様』は、その人気にあやかって続編を作ろうという構想が浮上しては消えてきた。二つの続編話は自分のなかで、どこか宙ぶらりんのまま、あてどなく漂ったままだった。

じつは、映画『TAJOMARU』の前にも、事件後の復帰第一作として映画版『傷だらけの天使』をつくるという企画があった。

一九七四年から七五年にかけて放送された『傷だらけの天使』は、伝説的ドラマとして長く語り継がれてきた。

主人公は底辺で野良犬のように生きている小暮修（オサム）と乾亨（アキラ）だ。探偵事務所の調査員として、二人は捨て子の親探しや暴力団同士の抗争といった厄介で危険な汚れ仕事に巻き込まれていく。そんな一話完結のドラマだった。

市川森一、大野靖子ら才能豊かな脚本家、恩地日出夫、深作欣二、工藤栄一、神代辰巳といった名だたる映画監督、木村大作という名カメラマン。

いまから見れば考えられないほどの豪華スタッフ陣だが、低予算とギリギリのスケジュールのなかで、台本が撮影に間に合わないことが往々にしてあった。加えて、それぞれ映画出身の監督だけに、テレビの尺感覚がなく、撮影が終わったら「五分足らない」「十分足らない」なんてことが日常茶飯事だった。

台本の不足部分をどうにかして自分たちで埋めていかなければいけない。アイデアを思いついたら、真夜中でも日本テレビ・プロデューサーの清水欣也さんや演出家、脚本家に電話した。

撮影現場でも話し合いながら、行き当たりばったりで設定やせりふを固めていく。三話分をまとめて撮り、途中でわけがわからなくなることもままあった。

台本だけでなく、演出をはじめとするスタッフ集めも人任せにしなかった。ブルージーで軽快なテーマ音楽を担当した作曲の大野克夫さん、演奏の井上堯之《たかゆき》バンドは私の音楽仲間だ。彼らに「全部任せるからやってくれ」とお願いし、「ＢＩＧＩ」のデザイナー菊池武夫さんには処分品の衣装をもらい受けられるよう頼みに行った。

このドラマの象徴にもなったのが、オープニング・タイトルだ。ヘッドホンとゴーグルをつけた修が新聞紙をナプキン代わりにして、トマト、コンビーフ、魚肉ソーセージ、クラッカーをむさぼり食う。このシーンにしても、必要に迫られて私が即興的にアレンジし、手持ちカメラで撮影したものだった。

ストーリーは暴力もエロも満載だった。猥褻《わいせつ》を理由に当時の文部省から「見てはいけないテレビ番組」のレッテルを貼られ、あやうく放送禁止になりかけた。

言ってみれば、その場しのぎの出たとこ勝負が、火事場の馬鹿力的なエネルギーを生んだことになる。それが高度成長のさなかにあった一九七〇年代ニッポンの狂騒的な空気を映し出してもいたんだろう。

水谷豊さんが演じたアキラの「アニキ〜」という口癖は一世を風靡《ふうび》した。『太陽にほえろ！』でマカロニが最初に捕まえる犯人役を演じたのが彼で、そのときの誠実な仕事ぶりから私がアキラ役に推した。ポマードべったりのリーゼントにスカジャンスタイルは、ロンドンで見かけた不良のスタイルを拝借したものだ。

映画版『傷だらけの天使』も、『前略おふくろ様』の続編も、製作側の意向、関係者との調整、役者の都合など、さまざまな壁の前に結局実現しないまま、いまに至っていた。

二つの続編話はずっと気にかかっていた企画だったが、『鴨川食堂』で二人の主人公の横顔を併せ持った役どころを演じることによって、自分としては、やっと落ち着き場所を見出せたように感じた。

難所から攻める

料理人を演じるに当たって、一つだけ演出家に伝えたことがある。

「厨房に立って、包丁を使って料理しながら演じるということはできませんよ。料理人じゃないということが視聴者にはすぐバレますからね」

『前略おふくろ様』のときは、一流料亭の料理人がテレビ局の稽古場に来て、私自身、半年かけて料理を勉強しながら撮影に臨んだ。里芋の皮を剝《む》きながら板前の先輩役の小松政夫さんとせりふをやりとりする場面は、そうした〃修業〃があってこそできた芝居だった。

しかも脚本の倉本聰さんからは、台本のせりふの一字一句、点や丸、「……」「――」に至るまで、勝手に変えることは禁じられていた。

「あ、いや、はい…ま、そうっすね」

「お、あ、おれ……うわっ、あの、いくら払えばいいですか」

アドリブはいっさいなし。ホン読みとリハーサルに半年かけて、それから本番に臨む。当時はそれだけドラマの現場に情熱と余裕があったのだ。

いまは時代も違えば、役柄も違う。それでも大根のかつら剝きをしながらせりふを語るという練習を自宅で繰り返していた。

抗がん剤を飲み続けている自分の体がいつどうなるかわからない。不測の事態が起これぱドラマの関係者に大きな迷惑をかけることになる。自分の病状について、ゼネラルプロデューサーにだけは大まかに伝えた。

「では、撮影は軽いシーンから始めましょうか」

私の体を案じてプロデューサーが言うので、逆に提案した。

「いや、いちばん重いところからやりましょう」

この提案には理由がある。重いシーンとは、いちばん難しいシーンでもある。俳優や演出はもちろん、技術パートのカメラマン、照明、録音、記録など全員が集まって、性根を据えて取り掛からなければならない。

これは一般的な撮影の仕方とは言えない。だいたいは簡単な場面から始めて、次第に難所を攻めていくものだ。初日から難しいシーンを撮ることになれば、「え？ ここから入るの？」とみんな驚き、緊張するだろう。大作映画の撮影初日にエンディングから撮ろうとするようなものだ。

しかし、十分な準備をしていれば、俳優はどこから撮影に入っても対応できるはずだ。難しいシーンを撮影すると、俳優一人ひとりの力量や、どれだけ台本を読み込んで本番に備えてきたかが一目瞭然となる。

すると、演出家はドラマ全体のイメージがつかめて、この後の展開が読みやすくなる。何よりも脚本家が「俳優負け」しない。要するに俳優の所属事務所や人脈、コネクションで色をつけて書く、といった余計なバイアスがなくなる。

初日からオールスターで臨めば、バッターボックスに立って三割打てる俳優が脚本家の頭に入るだろう。一割しか打てない打者に、その後の大勝負は任せられない。

ドラマが進むにしたがって役が膨らんだり縮んだりするのは、そうした現場独特の生態による。ドラマは生き物であり、生ものなのだ。

集中力を維持する

撮影現場は京都だった。

もともと早起きが習慣になっているため、早朝からの撮影は苦にならない。日ごろからそうした習慣を身に付けておかなければ、撮影に入って「はい、明日、五時起きです」と言われても、すぐにできるものじゃない。

時々、深酒をして目を腫らしたまま眠気まなこでセットに入ってくる俳優を見かけるが、それだけで仕事にかける思いが量り知れる。

刀は使わなくても、錆《さ》びないように日々打粉《うちこ》で手入れして、たまには試し斬りもしておくことだ。でなければ、いざというときに使いものにならない。それと同様、俳優はいついかなる状況でも真剣勝負ができるように準備しておく必要がある。

私は「午前九時スタート」ならば、衣装もメイクもすべて済ませて午前九時に始められるようにする。これは東宝の現場システムが自分の身に染み付いているからでもある。

黒澤明に象徴されるように、東宝は「監督主義」だ。「九時集まり」となると、俳優は時代劇ならメイクを終え、かつらや甲冑《かっちゅう》を身に着けて、九時にカチンコを鳴らせるよう待機しておく必要がある。

大衆路線、量産体制が伝統の東映の場合、「九時集まり」ならば、俳優たちは文字通り九時にぞろぞろと集まってくる。

時代劇スターで始まった大映は、長谷川一夫を中心とするスターシステムだけに、「先生待ち」の「先生」は監督ではなく、スター俳優を指す。

松竹は小津安二郎から山田洋次に至るまでシナリオを丁寧に作る。一九七一年に倒産した大映を除き、私は東宝、松竹、東映の映画に広く出演したことで、それぞれの栄養分を十分吸収させてもらった。

もともと現場には定刻より一時間も一時間半も前に行くせっかちな性格だったが、病気を機にその気ぜわしさがなくなり、怒ることもなくなった。体を大事に扱わなければいけなかったし、同時に心も静かに治めていたかったのだ。

共演者とは、本番以外はなるべく接しないよう心がけた。共演者とおしゃべりをすると、自分のなかから芝居に向かうエネルギーが抜け出て、テンションが緩んでしまう。

あるいは、共演者から演技プランなどについて相談されることもある。だがそれは、まず演出家の仕事だろう。演出家のプランが私の考えと食い違えば、現場が無用に混乱するだけだ。

つねにオンの状態

共演者たちはワンシーンが終わるごとに控室に戻っていた。しかし私は、スタジオセットの外に、簡易ビニールシートで囲った待機スペースを用意してもらい、そことセットを行き来した。

現場と離れた控室を行ったり来たりしていると、集中力が失われてしまう。セット近くに待機して現場の空気を呼吸することで、つねにオンの状態でいたかった。

現場では予期しないことが起こる。たとえば演出の方針が変わったときに、離れた控室だと、それを俳優陣に伝えるだけでも時間がかかる。近くに臨戦態勢で待機していれば、

「さっきの次回シーンは撤回していいですか？」

「どうしてだろう？」

「先にゲストのシーンを撮ってしまいます」

「そうか、そっちの考えもありますね。わかった」

とスムーズに事が進む。私は五十年間、そうやって仕事をしてきたし、一緒に仕事をしてきた映画監督たちもそうだった。

神代辰巳監督は雪が降るシーンの撮影で、「雪がまだ足らない」と本格的に吹雪《ふぶ》くまで現場を動こうとしなかった。

「監督、ロケバスに入ってくださいよ。監督がそこにいると、みんなバスに入れないじゃないですか」

「いいよ、放っておいてくれ」

仕方がないからスタッフは、監督が凍えないよう周りに風よけの戸板を立ててい

た。黒澤監督は「トイレに行く時間が惜しい」とばかり、現場に尿瓶《しびん》まで持ち込んでいた。いい映画を撮ろうと、みんな骨身を削っていたのだ。

それはドラマでも変わらない。京都の冬は冷え込むが、私は使い捨てカイロをあちこちに貼って寒さをしのいでいた。

セットの厨房に入って洗剤を使うと、抗がん剤の副作用で手がむくんで皮が剝がれてしまう。しかし、それは言えない。

「ゴム手袋をしていいですか？」

「いや、素手でお願いします」

演出家には病気のことは伝えていなかったので当然の対応だった。手の皮がボロボロになった。撮影では川に入り込むシーンもあった。さすがに緊張したものの、どうにか無事にやり終えた。

スピーディーな演技

連続ドラマへの出演は二〇〇二年のＮＨＫ大河ドラマ『利家とまつ』で明智光秀を

演じて以来、十四年ぶりになる。現場に出ると、若い世代を中心にみんなの演技が微妙に進化しているのを肌で感じた。

一言でいえば、芝居がよりスピーディーに、よりリアルになっている。古い世代の俳優たちは、せりふを発する前に間を置いたり、表情をいちいち作ったりする演技を「いい芝居」と勘違いしている節がある。それは私に言わせれば、独りよがりの「クサい芝居」だ。

あるいは、相手がせりふを言い終わるのを待って話し始めたり、人が倒れるシーンで完全に倒れるまで待っていたりする。敵はもう誰もいないのに刀をしまわずにいる。それでは、どうにも芝居がもたついて、締まりがなくなってしまう。

そんな芝居にはリアリティーがない、もうやめようぜ、と事あるごとに訴えてきた。ときには褒め殺しで注文をつけた。

「うん、ジョン・ウエインの芝居はわかるんだよ。だけど、ジョン・ウエインの芝居をもうちょっと短くして、ハリソン・フォードぐらいにしてくれる?」

日本でスピーディーな演技をした俳優といえば、三船敏郎だ。普通の俳優が一分かかる動作とせりふ回しを三船さんは三十秒でこなした。観客に飽きる時間を与えない。海の向こうに届くスケールの大きな演技をした。勝新太郎とともに最大限に評価すべき俳優だと思う。

もたつく芝居は、実際にはカット数を増やすことでメリハリをつけ、ごまかしてきた。カット数が多いとまず見づらくなる。そして、なるべくカットを割らずに複数のカメラによる長回しで撮ったほうが、役を演じる側の呼吸と気持ちがつながる。

黒澤監督は役者の気持ちを断ち切らないようワンシーンをワンカットで撮るために、撮影セットの壁や柱を台車に載せて動かしたり吊り上げたりした。

現実に私たちがどんなふうに会話をしているかをよく見てほしい。相手の言葉や動きが終わるのをぼんやり待っていることはない。日常の会話では、こちらの言動が相手にかぶりながら前へ前へと展開していく。

複数の声を同時に録ることのできる録音技術が前提となるが、せりふや動きがかぶっていくと、演技そのものも変わって芝居に躍動感が出る。もちろん、全部が全部ではない。ドラマの性質や場面にもよるが、象徴的に言えば、せりふに間を持たせる時代は終わったのだ。

『鴨川食堂』のヒロインを演じた娘役の忽那汐里《くつなしおり》さんは、芝居のリズム感がよく、自然な演技に才能を感じた。本人は意識していないと思うが、どこかオードリー・ヘプバーンのたたずまいを思わせた。

現実に引き戻す

若手だけではない。第六話「初恋のビーフシチュー」にゲスト出演した左時枝さんが、とても心のこもったいい芝居をした。

彼女が演じた信子は五十五年前、学生時代に初恋の大学生と食べたビーフシチューを再現してほしい、と言う。流は再現したビーフシチューを出し、大学生がすでに亡くなっていることを告げる。

シチューを口に運んだ信子は、「確かにこの味だったと思います。懐かしい味です」とこみ上げる思いをかみしめる。

「変ですよね。私は親の望む結婚をして、子どもも生まれて幸せに暮らしてきました。主人はなくなりましたが、子どもは成長して、何不自由なく……でも……これを食べると……私には違う人生があったんじゃないかなんて、もう戻ることなんかできないのにね（顔を覆う）……五十五年は遠いですね」

悲しく苦い心情がせつせつと伝わってくる。相手の芝居がうまければ、連鎖反応でこちらもどんどん芝居に入っていける。

私が演じる流は、初恋の大学生が当時つづった日記の内容を告げる。

「お会いになった日と箇所だけを。あなたの名前が書いてあり、一緒に歩いた道順が書いてあり、最後にこう書かれてありました。『花しぼみて露なほ消えず』」

「花しぼみて露なほ消えず。……方丈記の一節です」

「未練がある、と書かはったんですな」

「……（顔を覆って涙する）」

相談に来た相手に心を寄せ、思いを共有したからこそ再現できた料理でもある。しかし、ここで陥りがちなのは、相手の感傷に引っ張られ、ウエットな情感に上塗りをしてしまう芝居だ。

とくに真に迫って泣かれると、そこに引き込まれずにいるのは想像以上に難しい。だがそれをすると、一気にその場の空気がベタついてしまう。

流は食堂の料理人であり主人である。五十五年前の追憶から信子さんと視聴者を現実に連れ戻さなければならない。相手の心情に心を重ねつつも、そこからふっと出て、いま生きている世界に引き戻す。ドライではなく、かといって湿っぽくなく、余韻を残してさわやかに。

涙にくれる彼女に、流は軽く声を掛ける。

「お茶、温かいのしましょ」

芝居に入り込みながら、酔わずに俯瞰で眺めているもう一人の自分がいなければならない。

音楽のコンサートにしてもそうだ。ステージで歌っているときは、エンターテイナーとして、しっかり歌の世界に入り込み、酔ってもいる。それでいて、それを見つめるもう一人の自分がいる。

だから、たとえ歌詞を間違えても、つまずいて転んでも、立ち直るすべを体に浸み込ませている。

そのためには、リハーサルを何度も重ねておく必要がある。だからこそ芝居でもライブでも、大事なのは入念なリハーサルなのだ。

ローリング・ストーンズにせよ、ロッド・スチュワートにせよ、優れたアーティストたちはものすごい数のリハーサルを重ね、コンサートの構成を練り上げている。私もライブの前には、メンバーがヘトヘトになるほどリハーサルを繰り返す。

もちろん、いくらリハーサルを繰り返しても、実際のライブは違う。そのライブ感なりハプニングなりは、そのときしか生まれない。今度はそれをどうステージに生かすかの勝負になる。

〝降板騒動〟の経緯

『鴨川食堂』をめぐっては苦々しい思い出もある。

「萩原健一が共演の若い男優をいびって降板に追い込んだ」という情報をマスコミが伝え、ネットを飛び交ったのだ。これはまったくのデマなので、撮影現場の空気を伝えるためにも、ことの経緯を記しておく。

発端はリハーサルのときだった。食堂の場面で若手男優がせりふを間違えたため、共演の先輩女優が「ちょっと、それ違うわよ」と指摘した。撮影をやり直す。厨房に入っていた私は「これは時間かかりそうだな」と様子をうかがいながら、自分の芝居に気持ちを向けていた。

撮影をやり直すたびに演出やカメラ、照明のベテランから指示が飛ぶ。とくに京都太秦《うずまさ》撮影所の技術陣が口にする京都弁は、関東の人間にはきつく響く。

「こらこら、そっち行ったらあかん、にいさん。影になるから、こっちに動いてくれへんか」

「ああ、すんません。マイク入ってますんで」

それぞれ自分の仕事を成立させようと思って次々に注文を出す。これじゃあベテランでも参ってしまう。実際、男優は完全にテンパっているように見えた。思わず私は一言、止めに入った。

「それじゃリンチだよ」

それでみんながハッと我に返った。丸一日、セットリハーサルを続け、控室で男優に会ったとき、こちらから言葉をかけた。

「せりふはやっぱり覚えてないと。いや、覚えてるんだろうけど、ああいう状況になると、ぱっと出なくなるから、もっとちゃんと覚えたほうがいいよ」

彼は彼なりにせりふを覚えてきたのだろうが、リハーサルで周りから一斉にいろいろな指示を出されて、頭が真っ白になったのだと思う。

せりふに時間をかけているかどうかは、聞けばすぐにわかる。「頭で言っているせりふ」と、「顎《あご》で言っているせりふ」はまったく違うからだ。

せりふを覚えるのは、もちろん頭なのだが、覚えるときは声に出し、「顎が勝手にしゃべる」ようにしておかなければ通用しない。とくに時代劇は口を回して作って覚えておかなければ、せりふがうまく転がらない。

それからもう一つ。男優が厨房に入ってきたときに注意した。

「ちょっと、ここには入らないでくれ」

厨房には、大きな包丁が三本立てかけてあった。それをカメラや照明の都合で動かすために危険極まりない。実際、『前略おふくろ様』の撮影時に、包丁でスタッフがケガをする事故があった。だから厨房への俳優やスタッフの出入りには、とくに気を遣っていた。

つまり私が彼に関して発言したのは「リンチだよ」と「せりふを覚えて」と「厨房に入らないでくれ」の三度だけ。プロデューサーをはじめ現場にいた人たちは、みんな知っていることだ。

撮り直しに次ぐ撮り直しでスケジュールが崩れていった。男優は同じ時期に別の仕事が入っており、とうとうスケジュールを押さえられなくなって降板に至った。代役で入った俳優が目覚ましい働きを見せてくれて、撮影は無事終わった。

こうした経緯がメディアでは、「ショーケンがプロデューサーに降板を提言した」とか、「現場に姿を見せず、撮影が二ヵ月ほど止まった」といった話に仕立てあげられていた。

私は子どものころから差別や弱い者いじめが大嫌いだった。母親が身のまわりにあった朝鮮人差別や部落差別を強く憎んでいた影響もある。中学時代の遊び仲間は朝鮮高校の生徒だったたし、自分も不良少年として世間に白い目で見られる側にいた。だからこそ、自分が弱い者いじめをしたように伝えられるのは腹に据えかねた。

そもそも私は文字通り命をかけて仕事に取り組んでいた。自分のことで精一杯で、共演者をいじめたりする暇も余裕もない。

ただ、降板について思うところはある。池端さんの脚本はせりふを読み込めば、俳優の動きがわかるよう丁寧に書かれている。そのぶん、せりふの分量が多い。集中しなければこなせない作業であり、掛け持ちしてできる仕事ではない。その意味で降板はマネジメントのミスの結果だとも言える。

もう一つ、昨今は真剣な指導や指示も、すぐにパワハラ呼ばわりされる時代になった。とくに京都の撮影所は職人たちの集まりだ。若い世代への伝え方なり教え方なりが、以前に比べてずいぶん難しくなっている。

一方で若い世代のほうも、聞き上手、教わり上手だとは言えない。叱られたり注意されたりすることに慣れていないのか、簡単に落ち込んだり閉じこもったりする。

一部のメディアを賑わせた降板騒動は、誰が広めたのかはわからないが、ざらついた気分だけが残った。

スキャンダルの標的

こうしたスキャンダルの標的にされたのは、これまで一度や二度ではない。

確かに大麻の不法所持と恐喝未遂の疑いで逮捕され、有罪の判決を受けた。恋愛と同棲、結婚を繰り返した。やくざや犯罪者、不良といったアウトローの役を数多く演じてきた。これは紛れもない事実だ。

けっして聖人君子ぶるような柄じゃない。若いころの私は生意気で、周りにもずいぶん迷惑をかけた。表現へのこだわりは融通の利かなさでもあり、いま思えば傲慢《ごうまん》だったとも思う。

しかし、そこから「不良」「暴れん坊」「トラブルメーカー」といったレッテルを貼られ、事あるごとに「あのショーケンがまた……」とばかりに、はやし立てられた。

その一方で、世間の常識におもねらない反逆児、行儀いい良識に抗う不良、それでいて無防備で不器用な少年のイメージが、ショーケンという芸能人が世間に支持された一つの理由でもあったと思う。

だからこそ、さまざまなエピソードが歪《ゆが》められ、脚色され、「武勇伝」や「伝説」になって語られた。それがまたマスコミでおもしろおかしく味付けされて拡大再生産されていく。

すべては自業自得だと割り切れば簡単だが、事実と違うものは違うと言っておくべきこともある。なぜなら安易なレッテル貼りやスキャンダル扱いによって目隠しされる部分があり、それがこの業界を根っこから腐らせていくように感じるからだ。

二〇一八年十一月、TBSの特別番組で、グループサウンズ時代の友人、堺正章さ

ん と対談したときも、堺さんから私にまつわる「伝説」が持ち出された。
「逸話はたくさんあるのよ。スタジオで怒鳴るとか。〝台本めくり事件〟って知ってる? スタッフが台本めくったら、その音が入って『うるせぇんだよ、台本の音が!』。その次から霧吹きでシュシュッとやったら、スタッフが三枚ぐらいめくっちゃった(笑)」

これには説明がいる。ドラマ『君は海を見たか』(一九八二年)の撮影中のことだ。カメラマンがカット割を確認するために、台本をめくる紙のノイズが入る。

私が言ったのは、俳優がせりふやカメラ割(画面の大きさや撮る角度)を覚えているように、美術やカメラマンらスタッフもカット割を暗記しておいてくれ、ということだ。覚えられないスタッフは、音が出ないように霧吹きで台本を湿らせてもらった。

それが、いつの間にか「うるせえんだよ、台本の音が!」と現場で息巻いている粗暴なイメージだけがひとり歩きしていく。そのほうがわかりやすく、おもしろいからだろう。

私が育った映画の撮影現場は、真空状態のようにシーンとして音がなかった。芝居をしながら、ミッチェルの撮影機が回るノイズだけがほんの少し聞こえる。それも嫌がる監督がいて、そのため声だけ後で入れるアフター・レコーディング（アフレコ）になる場合さえあった。

レッテル貼り

映画やドラマで一緒に仕事をした工藤栄一監督は、雑誌のインタビューで私について「仕事に関してはクソ真面目で、とことん行く男だから、人とぶつかる。まあまあがない」と評していた。

当時はそうだったかもしれない。相手が大御所でも巨匠でも、言うべきことは言う。折り合いをつけて妥協ばかりではいいものはできない。別にけんかがしたいわけではなく、仕事のうえでぶつかるのはやむを得ないんじゃないか。

ただ、理由もなく怒鳴ったり、文句を言ったりしたことはない。「現場で衝突した」「共演者に暴言を吐いた」、果ては「共演者に暴行した」とまで言われたが、共演者とわけもなく衝突したことはない。

確かにプロデューサーや監督、演出家とは何度も意見をぶつけ合った。その段階で脚本や演出に対する疑問なり異論は解決しておく。だから、いったんクランクインすれば、よほどのことがなければ、現場で言葉を荒らげる局面には至らない。

しかし、ともすると「トラブルメーカー」という私の一般的なイメージが利用されることはままあった。現場の進行がうまくいっていないとき、トラブルが起こったとき、現場には「ショーケンのせいにすればいい」という雰囲気があったと思う。そうすることで問題に頬かぶりし、責任を回避してきたことはなかったか。

いったんマスコミが貼ったレッテルは、都合よく使い回される。雑誌ではいまも私について、「トーク番組に出れば先輩役者の悪口を言ったりしてNGワードを連発」と書かれる。

これは、あるトーク番組のやりとりなどを指しているんだと思う。司会者から、「俳優として石原裕次郎さんっていうのはどうですか？」と聞かれ、「歌はうまいけど、芝居はヘタ。役者としてはダイコンのほうだと思うよ」と答えたことがあった。

私は裕次郎さんに憧れ、大いにかわいがられもした。不世出の大スターでもある。しかし、それと芝居のうまいヘタとはまた別だ。俳優の価値が芝居のうまいヘタで決まるとも思わない。

司会者は手放しの賛辞を期待したのかもしれないが、そこで見えすいたお世辞は言いたくなかった。大先輩に対してたいへん失礼な言い方だったけれど、それは「悪口」とひとくくりにされるものではない。

考えてみれば、この性格でよく五十年も芸能界で仕事を続けてこられたな、と思う。逆にマスコミにとって、こうして無防備に本音で話す性格は、スキャンダルにはもってこいの獲物だったと思う。売らんがために、いかようにも料理できたんじゃないか。

自分がインタビューで語ったことが、そのままメディアに書かれているわけでもなかった。実際、私がかつての事務所でマネージャーに語ったこと、あるいは語ったことすらないウソが、私の許可なく雑誌や書籍にインタビュー記録として掲載されたこともある。

恐喝未遂事件

二〇〇五年、映画『透光の樹』降板後のギャラ支払いをめぐる恐喝未遂事件に関しても、メディアでは正確な事実が伝えられてこなかった。自伝『ショーケン』の記述も同様だ。もちろん、これは最終チェックをマネージャー任せにした私のミスである。

メディアが伝えた経緯はこうだ。

ホン読みとリハーサルを嫌がった相手役の女優をプロデューサーが説得できないまま事態は悪化し、私がスタッフに暴言を繰り返して降板に至った。出演料支払いをめぐって製作サイドと私が争い、酒と睡眠薬で泥酔状態の私がプロデューサーに電話して、支払いを強いるメッセージを留守電に吹き込んだ。その際、暴力団の名前を口にしたことが恐喝未遂に当たるとされた。

しかし事実はこうだ。

まず、降板理由に共演女優は関係がない。一度リハーサルも実施した。

ことの発端はプロデューサーから、ある政治家が参加するゴルフパーティーに出席するよう求められたことにある。契約にそうしたサービスは盛り込まれていなかったため、私は出席を拒否した。そこから製作サイドとの関係が悪化して、最終的に降板に至る。

映画は完成し、初日のロードショーを迎えた際、自宅に「示談屋《じだんや》」を名乗る二人が訪ねてきた。一人はスーツ姿、もう一人は見るからにそれふうの若いチンピラだった。

「映画の件で話をつけようと伺いました」と切り出すので、

「すみません、お名刺をいただけますか」と応じた。

和紙製の名刺には、有名な指定暴力団の組名が記されていた。

それからプロデューサーの携帯電話に電話した。酒は飲んでいたが、泥酔状態ではない。睡眠薬も飲んでいない。名刺にあった暴力団の名前を告げて、あくまで冷静に伝えたつもりだ。

契約通りにちゃんと払ってほしい。あなたたちがあんな手を使うとはどういうことか？　それならこちらにも考えがある……。

逮捕はセンセーショナルだった。自宅に取材陣を招き入れてインタビューに答えているさなかに、捜査員に踏み込まれたのだ。そこにはマネージャーも一緒にいた。世間は「また、あのショーケンがやらかした」と思ったに違いない。

一審判決で「示談屋が来た」という私の主張は、「信用できない」として認められなかった。私の弁護士は控訴を勧めた。

「調書と留守録の内容に食い違いがあります。これは検察側のミスです。もう少し闘ってみませんか」

「おれ、もうこれ以上いいよ」

当時、同時に離婚調停も抱えていた。控訴すれば、勾留が長引く。早く離婚の決着をつけてすっきりしたい。そして再出発に向けて力を蓄えていきたい。そう思った。

結局、控訴せず、有罪判決が確定し、離婚が成立した。

スキャンダルにはその都度傷つき、不愉快な思いをした。家族にも近所にも迷惑がかかり、人間不信にも陥った。一方で瞬間瞬間に腹は立ったけれど、別の見方をすれば、それはまた自分を知り、人を知り、社会を知る機会でもあった。

しかし、いまの私にはもうそんなことに関わり合っている時間は残されていない。

第四章

挑戦

50周年ライブ終了翌日、『どこにもない国』収録後｜2017年10月5日

『どこにもない国』

『鴨川食堂』に続いて出演したのは、NHKの特集ドラマ『どこにもない国』（前・後編、二〇一八年三月放送）だ。

終戦後、ソ連占領下の旧満州に取り残された百五十万人を超える日本人の帰国を実現させるため、身を捨てて奔走した男たちがいた。史実に基づく壮大なスケールのドラマで、私が演じるのは外務大臣と総理大臣時代の吉田茂だった。

大森寿美男さんの脚本は、複雑な国際情勢のもと、国家から打ち捨てられた同胞を故郷へ帰すために命がけで戦った男たちと、彼らを支えた家族の姿を感動的に描いている。

演じる役が歴史上の人物の場合、私は徹底的に文献に当たって人物像を掘り下げていく。NHK大河『元禄繚乱』（一九九九年）の徳川綱吉、『利家とまつ』の明智光秀、『TAJOMARU』の足利義政。綱吉のときは、大学の先生を個人教授に雇って日本史を一から学んだ。

ワンマン首相として知られた吉田茂は、調べれば調べるほど興味の尽きない人物であることがわかる。癇癪《かんしゃく》持ちの頑固者で、ユーモア精神を失わずに、アメリカを相手にしたたかな政治を続けた。記者から健康長寿の理由を尋ねられたとき、「強いてあげれば人を食っております」とすまし顔で答えたという。

そんな吉田にどうやったら近づけるか。NHKのラジオ音源を取り寄せて、繰り返し当人の声と語り口を耳になじませた。

問題はビジュアルだ。吉田の顔は言うなれば下ぶくれのはんぺん顔だが、私の顔は卵型だ。かといって、撮影までに太る時間はない。

次世代高画質映像の4K放送の撮影になるため、特殊メイクで外から肉を盛りつけると、視聴者にすぐ気づかれてしまう。

そこでマウスピースで頬の膨らみを内側から作り出し、髪の毛は額を剃り上げ、頭頂部を丸く剃ることにした。『TAJOMARU』ではスキンヘッドになったが、今度はてっぺんはげだ。

口腔外科で頬だけ膨らむマウスピースを作ってもらう際、先生にお願いした。

「マウスピースを入れた状態で滑舌《かつぜつ》よくしゃべりたいんです」

「いや、それは不可能ですよ」

ビジュアルを優先するのなら、最後はアフレコという手もある。マウスピースは壊れたり忘れたりする事態に備えて、至急二つ作ってもらった。

撮影まで一ヵ月。一日四~五時間、猛練習した。グリセリンを塗ってすべりをよくするなど自分なりに工夫を凝らす。すると、だんだんなめらかに話せるようになり、アフレコなしで撮影に臨むことができた。

額と頭頂は禿げ上がり、顔の輪郭も変わっている。体重百十キロに及ぶ体格を出すために胴回りに綿とガーゼを詰めた。吉田茂に扮した私を見て、最初は誰も萩原健一だとわからなかったようだ。

「大臣も頭の毛が少し減ったようですが、昔と変わってません」

主人公の丸山邦雄(内野聖陽)の言葉に、外務大臣の吉田が答える。

「変わったのはニッポンだ。私の頭より焼け野原だ。はっははは」

芝居と音楽の掛け持ち

吉田茂を演じる際、初挑戦したのはマウスピースだけではない。初めて俳優と歌手の仕事を同時に進めた。

これまで芝居と音楽を掛け持ちでやったことはなかった。それは「できない」ということではなく、「やるべきじゃない」と思っていた。一つの仕事に異様に集中する私としては、音楽のときは音楽、芝居のときは芝居に専念するべきだと考えていた。

二つのことを同時にする場合、障壁の一つが両者のプロモーターなりプロデューサーなりとの調整にある。当然ながら、どちらもつねに自分のほうを最優先してほしい。その綱引きを治めていくのが意外と厄介だ。

二〇一七年五月に行った東京、大阪のビルボードライブでの公演のさなかに、このドラマの出演オファーをもらった。ドラマ撮影の前日が芸能生活五十周年記念ライブ「Last Dance」最終日の十月四日という日程だった。

以前の私なら、迷わずにどちらか一方を選択していただろう。けれども、私生活と同じように、仕事への取り組み方、背負い方がこれまでとはずいぶん変わった。

ダブルヘッダーをやってもいいんじゃないか。

そう自分に言い聞かせたのも、そういった変化の一つだ。

といっても、「イチかバチか」の賭けじゃない。ドラマ撮影にもライブにも支障がないように、仕込みと準備をきちんとすればクリアできる。実際、ドラマのプロデューサーや演出家、コンサートのプロモーターの協力を得ながら、安心して同時に進めることができた。

二〇一七年九月、神奈川県川崎市のクラブチッタで迎えたツアー初日。テンプターズ時代のヒットナンバー「エメラルドの伝説」をはじめ、「ラストダンスは私に」「大阪で生まれた女」「ぐでんぐでん」など全十六曲を歌った。

MCでNHKのドラマに吉田茂役で出演することをお客さんに報告した。

「4K放送なので、いわゆる特殊メイクができない……こういう頭になりました」

かぶっていたつば付きの帽子を取って、後頭部を剃った頭をなでた。客席から歓声ともどよめきともつかない声が上がった。

ライブを収録したDVDにも、帽子をかぶってパフォーマンスをする姿が映っている。

いっそ帽子で隠したりせず、その頭のままでステージに立ったほうがカッコよかったかな。

十月四日、大阪のなんばHatchでツアー最終日を迎え、そのままNHKの送迎バスに乗って神戸に向かい、翌日、撮影に臨んだ。

いつもできることではないにせよ、芝居と音楽の二つを同時にできたことで新たな自信と力を得た。二刀流の仕込み方がわかり、今後の仕事につながると思った。

脚本のリアリティー

『どこにもない国』の時代設定は終戦直後。当時、満州はソ連の支配下にあり、略奪と暴行、飢えや寒さの中で、多くの日本人が命を落としていた。

主人公の丸山たちは命がけで満州を脱出して記者会見をするが、マスコミはほとんど関心を示さない。丸山たちは外務大臣の吉田茂に同胞たちの帰国を直訴する。だがGHQ占領下、日本に外交はない。どうすれば事態を打開できるか。吉田は丸山にまず世論を動かすことを示唆して、引き揚げを側面から支援する。

丸山たちが総理大臣になった吉田に同胞たちの救済を直談判するシーン。丸山は、「巣鴨の刑務所にいる戦犯被告は、満州に取り残された人々よりもはるかに暖かい毛布にくるまれ、はるかにおいしく栄養のあるものを食べている」と訴えて、着ていた上着を脱ぎ捨てる。

リハーサルで内野さんが見せた演技にどう応えるか。のちに大学教授にもなる丸山はインテリで理性的な人間だ。総理の前で上着を投げ捨てる行為は、はなはだ失礼でもある。当時の状況を考えると、吉田は心のなかで、こんなふうにつぶやいていたんじゃないか。

バカを言え。A級戦犯もいろいろだ。全員が全員、東条英機のようなムショ暮らしをしているわけじゃないんだよ。

吉田は苦々しい顔をしながら、持っていたステッキで上着を拾い上げ、丸山の肩にヒョイとかける。台本には書かれていない動きだったが、脚本の大森さんからは「あれは絶妙だった」と褒められた。

丸山たちの訴えに、吉田は「GHQがすでにソ連と交渉していた」ことを伝え、ナレーションが入る。

「この時、吉田総理はすでに大連などからの引き揚げに関し、マッカーサー宛に英語で書簡を書き送っていた。これより具体的に交渉に乗り出していくのであった」

しかし、人間愛、同胞愛に基づく丸山たちの訴えがいかに切迫していたとしても、それがそのまま吉田茂やGHQを動かしたとは考えにくい。また、総理官邸という場所で、総理大臣が民間人に政治の裏情報を漏らすことは、ドラマとしては成立してもリアリティーに欠ける。

脚本の初稿段階で、プロデューサーを通じて脚本家にそんな疑問点を伝えた。

「吉田茂やGHQが丸山たちの働きかけを利用した、というならわかる。それに個人としての吉田茂と、総理としての吉田茂の言葉は違うはずだろう」

最終的に吉田のせりふは次のようになった。

「総理として君たちに話すことは一つもない。ここからは吉田個人の言葉だ。GHQはとっくにソ連と交渉していたよ。マッカーサーにとっても、あんたらの出現は都合が良かったんだ。ソ連の好きにはさせない、そういう気運を高められた。心配しなさんな。いずれGHQは操り人形にする、と言ったはずだ。しかし君はよく喋るね、ふははは……」

要するに吉田茂が丸山たちを利用し、マッカーサーも操った。私はそんなふうに解釈した。なにしろ「戦争に負けて外交に勝った歴史はある」と豪語した男だ。このほうが政治の生々しい現実が伝わったように思う。
丸山たちはマッカーサーにも直訴して、一九四六年四月、ついに悲願がかなって引き揚げが始まる。

台本に納得するまで議論する

台本に疑問があれば、それを解決したうえで撮影に臨まなければ、説得力のある芝居はできない。納得のいかないせりふは気持ちが乗らないために、単純に言って演じにくい。かつては三國連太郎さんや森雅之さんなど、遠慮なく疑問を口にする俳優が少なからずいた。

たとえば、映画『TAJOMARU』の場合、脚本を読むと、将軍義政が罪人を取り調べるお白州の場に登場するシーンがあった。これは史実ではありえない。プロデューサーの山本又一朗さんにそう指摘すると、もともとの市川森一さんの脚本にはなかったシーンだという。共同脚本の山本さん（筆名は水島力也）が書き加え、私と同じ理由で市川さんと論争した箇所だった。

いったん暗礁に乗り上げたところに、市川さんが助け舟を出した。

「でもフィクションなんだから、そのためのせりふを加えてやっちゃおうよ。まさかこんなところに将軍が出てくるとは、と観客が仰天するというのもありだろう」

「わかった。うん、じゃあこれでいこう」

私も賛同した。確かに歴史を正しく伝えることは重要だが、実際にその目で見た人がいるわけじゃない。そもそもこれは映画なのだ。

これまでも市川さんとは、そういう〝ウソ〟をついてきた。そのことで口論になったことも多々あった。そこは許容量が広がり、臨機応変に対処できるようになったと思う。

求めに応じて脚本を膨らませる提案をすることもある。

『ＴＡＪＯＭＡＲＵ』で演じた足利義政は、幕政を正室の日野富子らに委ねるなど政治家としては二流だったが、自ら東山文化を築くなど文化人としては一流だった。

役作りのために、ドナルド・キーン著『足利義政　日本美の発見』をはじめ、さまざまな文献を参照した。ある文献では、義政は女性好きであったが、風雅の道として男色も好んだという。他の文献では糖尿病のため緑内障を患って目が不自由だった、とあった。

私は脚本のせりふをすべて平安末期の言葉に直した用語集を作り、コンタクトレンズを入れて目を白濁させるアイデアを考えた。男色という点では、義政が寵愛した桜丸役の田中圭さんと濃厚なラブシーンも撮影したが、「生々しすぎる」とカットされた。

自分で考えたせりふも提案した。たとえば、「良き香りがするのう。なんと、水無月《みなづき》の栗の花の匂いがするではないか。もしや桜丸か。近《ちこ》う寄れ」という義政のせりふ。

「栗の花の匂い」は若い男の精子の匂いを意味する。貴族社会では品性を疑われる言葉だが、和歌の名手だった義政の退廃的でデカダンスな嗜好を表している。

中野裕之監督や市川さんは賛成してくれたものの、最終的には「水無月の栗の花の匂い」の部分が削られた。観客、とくに若い世代には意味が通じないと判断されたのだろう。

あるいは『鴨川食堂』の最終回。客の来ない空白の二日間、店の主人の鴨川流は何をすればいいか。演出家に提案した。

「暇で物足りないから、何かやっておいたほうがいいんじゃないかな」

「何をしましょうかね」

この食堂は「お品書き」がないことで通してきた。

「じゃあ、お品書きを書こうよ」

「え？　どこにですか？」

「食堂の天井に」

「それ、いただきました」

演出家が有能だと話が早い。流は仰向けに寝転んで、長い筆で食堂の天井に「中華そば、ドライカレー、生姜焼き定食……」とメニューを書き記す。なかなかおもしろいシーンになった。

自分に飽きていない

吉田茂はこれまでの萩原健一のイメージにはなかった役だった。しかも頭髪を剃ったり、『ゴッドファーザー』のマーロン・ブランドばりに頬を膨らませたりするメイクで別人のように化けた。それはつまり作品のつくり手が、私にさまざまな可能性をまだ見出してくれているということだろう。

私自身、自分にまだ飽きていない。

萬屋錦之介《よろずやきんのすけ》、石原裕次郎、勝新太郎、高倉健、渥美清……。私は時代が生んだ大スターたち、偉大な大先輩たちを仰ぎ見て生きてきた。彼らには私が見る限り、一つの共通点があったと思う。

それは、みんな「自分に飽きていた」ということだ。

私たちが「勝新太郎」をイメージする場合、座頭市であれ何であれ、ある固定したイメージを持っている。「石原裕次郎」なら豪快で男らしくて面倒見が良くて、というイメージだ。「高倉健」にしても、寡黙《かもく》で誠実でストイックな男以外の健さんの姿を想像できない。

不遜《ふそん》な言い方かもしれないが、彼らはそういう「自分に飽きていた」と思う。それは「やる気を失っていた」とか「手を抜いていた」という意味ではない。

大物になればなるほど、それまでとは違う役を演じて当たらなかったときの恐怖や不安が大きくなる。あるいは、当てなければいけないというプレッシャーが増す。

見る側も、慣れ親しんだキャラクターを見ている限り安心し、楽しんで見ることができる。だから俳優にそれまでのイメージを裏切らない役を期待するわけだ。座頭市や寅さんといった人気シリーズのキャラクターは、みんなそうした宿命を負っている。

俳優としても、人気キャラクターを繰り返し演じているほうが役をつくる苦労は少なく、懐は潤うだろう。まして自分でプロダクションを持ってメンバーやスタッフを養っていかなければならない立場になると、安定的な収入の確保が最優先になる。自分がおもしろいと思う作品ではなく、当たる作品を手がけることを考えなければいけなくなるのだ。

しかし懐具合を意識して同じようなキャラクターを演じ出したあたりから、俳優としての危機が始まる。つまりは演技の鮮度が落ち、人によってはそれが自分のコンプレックスになっていく。すると、そのできあがったイメージからどうにか脱しようと、真反対の役を演じようとする。

たとえば、渥美清さんは寅さんを演じる自分に飽きていた。だから、『あゝ声なき友』（一九七二年）を自ら企画して、社会派映画の巨匠、今井正監督のもと、終戦後に戦友十二人の遺書を遺族に送り届ける実直な男を演じたのだ。けれども、それは観客の求める渥美清ではなかった。

渥美さんは話していた。

「おれはまじめな芝居をしてんだけどさ、おれがスクリーンに出てくるだけで、お客さんが笑うんだよ。あれにはがっかりしたな」

『八つ墓村』(一九七七年)で共演して以来、渥美さんには大変かわいがっていただいた。すばらしい俳優だと思う。一度尋ねたことがある。

「渥美さん、いつまで寅さんをやるんですか?」

「それがわかんねぇんだよ。大衆のみなさんが決めるさ」

『男はつらいよ』は松竹という映画会社だけではなく、全国各地の映画館の経営を支える作品にまで成長した。役者の一存でやめることはできない。当たり役には、そんな〝地獄〟が待ち受けているのだ。

石原裕次郎さんは自分のプロダクションを設立して、製作・主演した『黒部の太陽』(一九六八年)や『栄光への5000キロ』(一九六九年)はヒットしたが、『ある兵士の賭け』(一九七〇年)は失敗した。

裕次郎さんは熱海で療養生活を経たのち、石原プロダクションを立て直すため、初めてテレビドラマに出演することになる。

それが『太陽にほえろ！』だ。当時の映画スターにとって、テレビドラマへの出演は「格落ち」の感があった。しかし、裕次郎さんは一九七二年から十四年間、全七百十八話のうち約六百七十話に出演を続けることになる。

それは、裕次郎さんでなくとも飽きるだろう。しかし、ヒット番組には自分のプロダクションだけではなく、多くの俳優、スタッフ、テレビ局が紐付いている。自分の都合でやめれば、彼ら全員に迷惑がかかることになる。

みんなのために体を張って仕事をする裕次郎さんの生き方には敬意を表する。ただ、私には「周りのため」「お金のため」に仕事をするという発想は最初からなかった。

マカロニ刑事

私は『太陽にほえろ！』のスタートから、主人公の「マカロニ刑事」こと早見淳を演じた。タイトルは当時流行した若者風俗「太陽族」の象徴が裕次郎さんだったからだ。

このタイトルにしても、「マカロニ」という役名にしても、自分のセンスからはかけ離れている。やってられるか、という気分だった。

だがテーマ曲だけは譲ることはできない。当時、テレビドラマのテーマ曲と言えば、圧倒的に歌謡曲が主流だった。裕次郎さんに任せたら、スタンダードジャズになるに決まっている。

「ロックでやらせてくださいよ。それが出演の条件です」

当時はザ・テンプターズ解散後に沢田研二さんとダブルボーカルで結成したロックバンドPYG《ピッグ》を解散した直後だった。PYGで組んだ大野克夫さんに作曲を、井上堯之さんに演奏を依頼するようプロデューサーに持ちかけて、あのテーマ曲が生まれたわけだ。

裕次郎さんには銀座、渋谷、六本木と夜の豪遊に何度もお供して、ベロベロになるまで飲み明かした。本当にお世話になったけれど、一クール十三本分を撮り終えたところで、日本テレビの幹部たちに「降ろしてください」と降板を願い出た。

自分がこのドラマでやりたかったことが、ことごとく否定されていたからだ。第二十話「そして、愛は終わった」で、犯人役の沢田研二をマカロニが銃で撃ち殺すラストに、さっそくテレビ局の上層部から「主役が人殺しをしてはいけない」とお叱りを受けた。

そうだろうか？　私たちの日常にはセックスだって暴力だってある。間違いもあれば、ヘマも犯す。それが人間というものだろう。

「刑事が間違って人を殺すシーンがあったっていいじゃないですか」

マカロニのキャラクターは私のイメージに合わせたのだろう、気負いに満ちて、不遜で無鉄砲で純粋な若者に設定されていた。

視聴率は上がってマカロニの人気も定着したが、このまま同じことを繰り返していると、自分のイメージが固まってしまう。演技の幅が狭まって、役者としてダメになる。そんな不安と焦りが日に日に膨らんでいた。それでも結局、降板まで全部で約五十本に出演した。

自分が出演した作品はかわいい。このままいわゆる当たり役で仕事を続ければ、ギャラが途切れず懐に転がり込んで羽振りは良くなるだろう。

でもそれでは自分の可能性が閉じてしまう。つまらないじゃないか。

新しい自分を見つける

私の俳優人生は、その意味で否定に次ぐ否定だった。

『太陽にほえろ！』で演じた悪を討つ正義の刑事を否定するために、『傷だらけの天使』ではエロあり暴力ありでチンピラのような若者をアドリブ満載で演じた。それを否定するために、『前略おふくろ様』では純朴で照れ屋の板前を、台本のせりふ一字一句を変えずに演じた。

『君は海を見たか』（一九八二年）で演じたのは、それまでのアウトローや自由人といった役柄から一転して、余命三ヵ月を告げられた息子の病気をきっかけに父子のふれあいを取り戻そうとするエリートサラリーマンだ。

『課長サンの厄年』（一九九三年）では、次々に降りかかる災厄に翻弄される小市民をコミカルに演じる役どころに挑戦した。

「まあいいか。よくやったよ」と自分を褒めた途端、先細りが始まる。だから自分を褒めないように、マゾヒスティックなまでに自分を縛ってきた。それは自分に飽きた偉大な先輩たちを見ているからでもあった。

いったん自分に飽きてしまうと、表現者としては致命傷になる。

神代辰巳監督の映画『もどり川』（一九八三年）で私は虚構の無頼派歌人、苑田岳葉を演じた。物語の終盤、舟の上で心中相手（原田美枝子）と薬を飲んだ岳葉は、苦悶しながら言葉を吐く。

「本当に歌が好きだ。歌のためならなんでもやった。生活の悲哀。そいつがいちばん似合わなかった。見栄っ張りだった。気がついたときには自分に飽きてた。自分に飽きて、どうにもならないで、淫売窟通いもしてみた。女房も泣かせてみた」

自分に飽きた歌人は、まっさかさまに堕ちてゆく。

私は自分自身でも、まだ新しい自分を見つけようとしているし、見つけることができる。キャスティングする側も、そんな私に吉田茂のような、これまでとはまったく異なるイメージの役を振り、特別なメイクまで施す。一つ間違えばキワモノ扱いされるリスクもある。だが、自分のなかに眠る可能性の限界への挑戦でもある。

新しい挑戦に慎重になることは否定しない。怖がって石橋を叩くのはいいけれど、叩きすぎて渡る前に石橋が壊れるよりも、自分で歩いて壊したほうがいい。足踏みをせず、まずは一歩、踏み出してみることだ。すると次の足が出る。それが結局、「生きている」という証じゃないのか。

時代のヒーロー像

もともと自分の演技は当時のヒーロー像への違和感から出発している。

幼いころから映画好きの長兄によく映画館に連れて行かれ、邦画、洋画を問わずに浴びるように見ていた。

日本初のシネマスコープ、総天然色の大友柳太朗主演『鳳城の花嫁』（一九五七年）をはじめ、『銭形平次』『若さま侍捕物帖』シリーズといったチャンバラ時代劇、片岡千恵蔵主演の『多羅尾伴内』シリーズ、『月光仮面』シリーズ。

それから日活映画が台頭し、幼い私にとってのヒーローは石原裕次郎と赤木圭一郎になった。当時のヒーローはみんなカッコよくて、けんかして負けても、ぶざまじゃなかった。

小林旭《あきら》は、あくまで裕次郎あってのヒーローだった。アクションシーンで裕次郎は殴られても、旭は殴られない。そもそもギターと拳銃を持ち、馬に乗って現れること自体、現実味のかけらもなかった。でも、それがサマになるのが、また彼の持ち味だった。

旭さんとはNHK大河ドラマ『琉球の風』（一九九三年）で共演した。私は島津義久の典医の役で、旭さんは徳川家康。

旭さんはこよなく優しい人だったけれど、せりふをきちんと覚えて来られなかった。だから、家康が長広舌を振るうシーンはやたらと時間ばかり食う。私は大先輩に向かって恐れを知らずに意見した。

「先輩、この場面はいちばん偉い人の演説シーンなんだから、せりふは覚えてこなきゃダメですよ」

チャンバラ時代劇の主役にリアリティーはない。いや、裕次郎、圭一郎のヒーローにしたって現実味はなかった。

いつも強くて、勇気があって、正義の味方で……そんなヤツいるか？　ヒーローだって人間なんだから、けんかに負ければ、立ちションだってする。弱音を吐いたり日《ひ》和《よ》ったりするときもあるんじゃないか?

犬死にの美学

ハリウッドで大好きだった俳優の一人がマーロン・ブランドだ。映画館で見た『波止場』(一九五四年)では、マフィアのボスに立ち向かう日雇い労働者を演じ、『乱暴者《あばれもの》』(一九五三年)では、革ジャンとジーンズ姿の反抗的な若者を演じていた。それまでとはまったく違うヒーローの立ち居振る舞いにシビれたものだ。

自分がヒーローを演じるなら、そんなふうにリアリティーある人間にしたかった。だから『太陽にほえろ!』を降板するときは、

「ドラマのなかでマカロニを殺してください」

と殉職を希望した。ヒーローだって死ぬ。それもカッコよくじゃない。思い切りカッコ悪くぶざまに死ぬ。そう、犬死にだ。

胸に刻みつけていたのは、ポーランドのアンジェイ・ワイダ監督『灰とダイヤモンド』(一九五八年)のラストシーンだ。

一九四五年のポーランド。ソ連派の共産党首脳を暗殺しようとする反体制テロリストのマチェクは誤って別人を殺し、軍によって射殺される。マチェクは町はずれのゴミ山でうめき、よろめき、笑いながら息絶える。

ショックだった。モノクロの画面の中、ゴミ捨て場で虫けらみたいに死んでいくマチェク役のズビグニエフ・チブルスキーの姿は、鮮烈なイメージとなって焼き付けられた。『傷だらけの天使』のラスト、ゴミの山にドラム缶ごと捨てられるアキラの犬死にも、これとかぶっている。

反体制テロリストと刑事とは真反対の存在ではある。けれど、マカロニも一件落着して油断したときに殺されるという、じつにさえない死に方が頭にあった。

ドラマで立ち小便をしているときに、通り魔強盗に刺し殺されるマカロニ。

「母ちゃん、熱いなぁ……」

そう言って倒れ、まばたきを何度かして息絶える。当時、主人公は撃たれても切られてもけっして死なないという常識があったから、制作側は理解に苦しんだことだろう。しかし、時代からは圧倒的に受け入れられ、以後、刑事たちの殉職場面が注目されるようになる。

私はドラマの作り手よりも、ブラウン管の向こうにいる受け手のほうに芝居を届けたいといつも思っていた。たとえ送り手側に理解されなくても、トラブルメーカーと言われても、それが視聴者に支持されたり再放送で人気が出たりしたとき、自分の感性が時代と響き合っているという実感を持つことができた。

ドキュメンタリー『ショーケンという「孤独」』のなかで、二十代初めからお付き合いのあった演出家の蜷川幸雄さんは、俳優としての私について、およそこんなふうに語ってくれた。

「（市川）雷蔵や（萬屋）錦之介、（石原）裕次郎の表現は、『あなたを好きです』と普通に言えるんだ。でもショーケンの世代になると屈折した愛の表現をする。世界的にはマーロン・ブランドやジェームズ・ディーンが一連の屈折を表現した。ショーケンは日本で初めてそれを持ち込んで、時代の若者の鬱屈を鮮やかに表現した。それがショーケンのいちばんすごいところなんだ。その不幸はあるんだよ。やっぱり孤立するんだよなぁ」

音楽の道で私が求めたロックは反体制の象徴であり、ローリング・ストーンズをはじめ「不良の音楽」と呼ばれていた。確かに自分のヒーロー像には、時代の空気やカウンターカルチャーが色濃く影を落としていた。

しかし、自分をアウトサイダーだと思ったことはない。さまざまな私生活上のスキャンダルと、ドラマのアウトロー的キャラクターをダブらせて世間がレッテルを貼ったに過ぎない。それもまた、時代が求めていたものなのかもしれない。

『明日への誓い』

『どこにもない国』と同じ二〇一八年三月に放送されたのが、テレビ朝日の二時間ドラマ『明日への誓い』だ。

そこで今度は「元刑事の牧師」という役どころを演じた。ストーリーの原案は、いくつかあるアイデアのなかから私が提供した。

殺人犯（村上淳）を逮捕した刑事は、一年後に被害者の妻が殺人を依頼していたことを知るが、確たる証拠はなく、刑事を辞めて牧師となる。十年後に出所した殺人犯が牧師のもとを訪ね、母親のいる故郷まで同行してほしいと頼み込む。二人の旅が始まるが、男は出所後に強奪した三億円を持っていた――。

このドラマでは、「逮捕で一件落着」とか「罪を憎んで人を憎まず」といった刑事ドラマの定型パターンを覆そうと思った。

服役中の殺人犯を尋ねた刑事が面会室で言う。

『罪を憎んで人を憎まず』ってよく言うだろ。あれはウソだぜ。たいていの刑事は人を憎んでしまう。おれもあのときはおまえを憎んだ」

調書を取るうちに刑事も犯人を憎んでしまうことがある。でも憎しみからは何も生まれない。

「人生はいつだってやり直しができるんだぜ……死ぬ気になれば何だってやり直せるよ」

生まれつきの悪人はいない。罪を犯しても人生はやり直せることを刑事は伝える。

元刑事の牧師は、三億円を奪った男に「無垢な人間になって一日でもまっさらなヨを過ごしてほしい」と、自ら出頭するように一計を案じる。男本来の人間性を引き出そうと、危篤のふりをしてだますのだ。シリアスな場面が一転してコミカルになる。

人を憎む刑事がいてもいいし、人をだます牧師がいてもいいだろう。

最近の映画、ドラマの多くは制作だけが決定し、脚本や配役が後回しになるケースが多い。限られた時間でこなせる俳優を選ぶため、似たような顔ぶれになってしまう。

「一緒にドラマ作りに参加してほしい」という制作サイドの求めに応じ、この作品に関しては、私のドラマの作り方をある程度通すことができた。

すなわち、プロデューサー、脚本家、演出家と打ち合わせを重ね、配役が決まる前に原案をもとに脚本に起こす。その時点で疑問点はすべて解決しておく。

「ここ、変だと思わない？」

「普通の二時間ドラマだと、これで行ってます」

「あっ、そう。だけど二時間ドラマのイメージを一回、全部取っ払ってやってみませんか」

台本にするまでにはそれだけ時間がかかったが、うまく転がっていき、撮影に入る前には読み合わせとリハーサルを念入りに重ねた。

即興台本づくり

近ごろはホン読みもリハーサルもせずに撮影に入る現場が増えているが、それだと本番で不都合や問題が生じたときに、かえって時間がかかる。撮影前の仕込みは、本番でトラブルを回避するための下準備でもあるのだ。

それでも撮影が進むと、不測の事態が生じる。たとえば、スクリプターから「尺が足りません」と悲痛な声が上がる。ドラマに使える映像が放映時間に満たないという。

「何分?」

「十五分です」

「よし、十五分だけ差し込んでいこう」

「いや、できません」

「できるよ!」

撮影のやり直しとなるとたいへんだ。撮影済みの映像に手を加えなくて済むように、すでにある撮影場所で撮れる台本をプロデューサー、監督と話し合いながら速攻で仕上げる。脚本家のOKを得て、脚本の隙間に差し込んでいく。

修羅場の〝即興台本〟づくりは、『傷だらけの天使』で鍛えられている。臨機応変に「とりあえず、こしらえる」という技は、あのドラマから得た貴重な財産の一つだ。

現場での「差し込み」はさして珍しくない。私にとっては慣れたものだが、プロデューサーが「こういう作り方なんですね」「そこまでやるんですか」といちいち驚いていた。

六十歳近いベテランのプロデューサーにしてもこうなのだから、下の世代は推して知るべしだ。ドラマづくりの伝統が完全に途絶えていることを痛感する。テレビドラマの作り手たちは、先人たちが積み重ねてきた知恵や工夫を学ぶべき時期に、そのチャンスをみすみす逃したまま、いまに至ってしまったように思う。

『どこにもない国』と違って、私の演じた牧師役はほとんど出ずっぱりだった。しかもロードムービーのように屋外ロケと移動が多い。

ドラマの終盤クライマックスで、犯人と私がもみ合うアクションシーンがある。私が走って追いかけて突然、前のめりになって倒れるシーン。担当医には厳しく命じられていた。

「お腹のなかで腫瘍が破裂することがいちばん怖いんです。ショックは与えないようにしてください。倒れたらお腹を押さえるようにお願いします」

一方で、こうも言われた。

「萩原さんにとっては仕事が大きな活力になっています。ぜひ続けてください」

医師は私のコンサートにも足を運んでくれた。

「僕の患者さんがこんなにがんばっている。僕はもっとがんばらなきゃいけない」

そう言って涙を流していた。

人情刑事

現実に何度か逮捕され、そのたびに刑事とやりとりした自分の経験が、ドラマのなかの刑事の描き方、あるいは人物造形に影響を与えていると思う。

最初に大麻の不法所持で逮捕された時、私の取り調べに当たったのは、温和で人情味のある刑事さんだった。

もう三十数年前のことだから時効だろう。その方はすでに亡くなっているので、記してもいいと思う。

逮捕されてから、関係者についていっさい口を割らず、ずっと黙秘を続けていた私は、警視庁の留置場から東京地方検察庁に通って検事の取り調べが続いていた。検事調べには刑事が同行する。私は手錠をかけられ、ロープでつながれていた。検事の部屋に向かう廊下で、刑事が耳元でささやいた。

「おまえさ、俳優だろ」

「はい」

「取り調べられているときに泣けねぇか」

「はい？」

「検事も人の子なんだからさ。いいタイミングのときに、この綱をぴっと引くから、泣いてみろ」

「ああ、はい」

「いや、本当はこんなことしちゃいけないんだけどな」

つまり泣き落としで同情を引き、検事の心証をよくしろという助言だった。

取り調べでは検事には叱られ、諭され、説教された。刑事がロープをきゅっと引いた。いまだ。泣こうとしてみた。

そうすると、今度はそれまで黙秘していたつらさ、家族に会えない心細さ、自分の行く末に対する不安……溜まっていたものが一気に噴き出して、涙がぽろぽろぽろぽろと流れ出て止まらなくなってしまった。

「こんなに泣かれたんじゃ、今日は調べにならないな」

検事は苦り切って取り調べを切りあげた。部屋から廊下に出ても、まだ涙が止まらない。刑事があきれて言った。

「おまえ、泣きすぎだよ」

「いや、悲しくて、悲しくて……」

「悲しいのはわからんでもないけど、おまえが自分でしたことなんだから」

結局、そのときは逮捕から初公判の前日まで五十三日間、勾留された。

「おれのこと、恨んでるだろ」

その刑事さんとは一九八三年の逮捕から三十年近く経ってから、東京でお会いした。私を捕まえた麻薬取締官を含めて、「ご馳走するから来ないか」と食事に招待されたのだ。東日本大震災が起こる直前のことだ。二人ともすでに職場を退職して再就職していた。

当時、私はお酒を断っていたので、二人ばかりの杯が進んだ。もう二人はかなり酔っ払っている。すると一人が薬を三錠取り出した。

「これ、取っといてよ」

どうやら勃起不全に効くという治療薬らしい。それぞれがもうそういう年齢なのだ。

「いや、おれ、もらうわけにいかないよ」

「いいから、いいから。これ三十六時間効くんだよ。でも奥さんには内緒だよ」

「わかった、わかった。でも僕は結婚したばかりだから要らないんですよ」

「ああ、なるほど、そうか」

終始屈託なく、リラックスした時間を過ごした。

最後に帰る段になって、年配の元刑事さんの目が潤んでいる。そして突然、私に向かって、抱え込んでいた思いを吐き出すように言葉を放った。

「おれのこと、恨んでるだろ」

びっくりした。三十年近く前に逮捕したことを言っているんだろうか。

「え？　いや恨んでないですよ」

本心だった。

あのとき、私はドラッグに頼っていた。このままだと長生きはできないだろう。どうにかしなくちゃなぁ。

そのとき偶然、書店で目に触れたのがマザー・テレサの本だった。その本に触った瞬間だ。「マザー・テレサに会いに行こう」と思った。あらゆる弱き人々に慈愛の手を差し伸べる崇高な存在に直接会ったなら、もはやドラッグの誘惑に負けることなんてできないだろう。

大使館に掛け合い、八方、手を尽くした。当時、所属のレコード会社の社長だった徳間康快《やすよし》さんにも力を貸していただいた。カルカッタ（現・コルカタ）で「シャンティ・シャンティ」と題する慈善ライブを開き、自らボランティアの仕事もした。マザー・テレサは小柄で、ぱっと顔を上げると石鹸の匂いがした。こちらの苦しい胸のうちを話すと、こう言われた。

「幸せにならなくてもいい。不幸せにならなければいい。人に愛されるよりも人を愛しなさい。神のご加護を」

帰国から三ヵ月後、逮捕された。そのとき、心の底から思った。

「ああ、よかった。これで断ち切れる」

関係者には大きな迷惑をかけたが、逮捕されたことで、やめたかったドラッグをやめることができた。いかに自分の身体を粗末にしていたかもわかった。恨んだことなど一度もない。

元刑事さんは私の言葉を信じずに、なおも食い下がった。

「本当のことを言ってくれ。おれのこと、恨んでるんだろ？」

「いや、おれはね、だから感謝してるんだよ」

そうすると、彼はうわーっと声を上げて泣き、その場に崩れ落ちた。私は酔いが回って倒れ込んだのかと思って彼の腕を支えた。

「いや、大丈夫だ。ありがとう」

彼は少し冷静さを取り戻し、話してくれた。

おれはすごく後悔していたんだ。あなたの逮捕は〝みせしめ〟だった。あなたは仲間を守って黙秘を続けただろ。自分が捕まえた人間は、ほとんど全員が社会に復帰できていないんだ。でもあなたは、こんなふうに元気に復活してくれて……。

彼は涙を流していた。検事の部屋で泣いた自分を思い出した。

そんな思いを抱いて、この日まで長い年月を過ごしてきたのだろうか。私に一言謝りたくて食事に誘ってくれたんだろうか。

ああ、心のきれいな人なんだな。そう思った。

信仰〝卒業〟

お蔵入りとなっている映画『朝日のあたる家』でも、私は牧師を演じた。今回のドラマの主人公を「元刑事の牧師」に設定したのは、日の目を見ずに眠っている映画を単館ロードショーででも公開したい、との思いも込めていた。

『明日への誓い』で、自ら牧師を主人公に据えることができたのは、自分にとって宗教が以前のように帰依《きえ》する対象ではなくなったことも関係しているように思う。

もし自分が敬虔《けいけん》なクリスチャンだったり厳格な禅者だったりすれば、こんな原案を提出し、自ら演じることはなかっただろう。いったん信仰の世界に本気で入り込んだうえで抜け出して、うまく距離が取れているがゆえに、その経験を役作りに生かすことができたのだと思う。

三十代のころから、神仏には縁があった。自分自身は、特定の宗教や宗派の信徒になったという意識はなかったが、瀬戸内寂聴さんや東光寺の宝積玄承《ほうずみげんしょう》老師、大阿闍梨の酒井雄哉さんなど数々の僧侶とご縁を結び、僧名もいただいた。

マザー・テレサに会い、四国八十八ヵ所のお遍路も経験した。歩行禅のときは数珠を手に念仏を唱え、自宅でも神棚に向かって拝むことを欠かさなかった。

しかし、二〇一一年の結婚を機に、どっぷり浸かっていた信仰の世界から抜け出した。

結婚当初は毎朝、カレンダーの六曜を気にしていた。「今日は大安だよ」と上機嫌

で妻に言うと、彼女は、

「毎日、自分で大安ということにすればいいじゃない?」とにっこり微笑む。

「まず仏さまに」とお伺いを立てていた自分たちの会社の名前も、

「自分たちで決めればいいでしょ」と軽やかに応じた。

そんな考え方に日々触れて、徐々に信仰の世界を離れて見るようになった。

東日本大震災に絡んで、宗教者に失望するような個人的な経験が重なったことも大きい。自分のなかで白く清いものが、一つひとつ黒く塗りつぶされていった思いだった。

しかしそれにせよ、振り返ればそれまでは、自分を守るために、耳をふさぎ、目をつぶって気づかないふりをしていたところも少なからずあったように思う。耳を傾け、目を向けることで、偏りなく他人の言葉が入ってくるようになったと思いたい。信仰心を持ったり、信仰に関心を持ったりすることはいいことだといまも思う。けっして否定はしない。

ただ、あえて言えば、自分は〝卒業〟した。好んでお寺や神社には参らなくなったものの、行けば普通に手を合わせる。

たとえばいま、お遍路をやるのなら、以前のようにむきになって完歩を目指すことはないだろう。歩くべきときは歩くべきだが、遍路は回ることにこそ意義がある。歩くのが無理ならばバスで回ればいい。

私の信仰心がどこから来たのかはわからない。一つあるとすれば、実家が魚屋で、店の真ん中に商売繁盛を願った神棚があり、きょうだいみんなが毎朝参拝してから学校に行くという環境にあった。いずれにしても、きっかけはさほど深いものではない。

ただ、特別意識しなくても、何か大きなところ、深いところでは、信じるもの、本当のことを探していたように思う。

芸能界には本当に汚れた人間がいた。心が痩せていく現場もいやというほど見ている。そんな芸能界で自分はもてはやされ、大麻に頼るようになり、ついには宗教に助けを求めた。

私自身、宗教からは離れても、「自分を極めたい」「芸術的なものを突き詰めたい」という思いは変わらずに抱いている。だから、これまで為してきたことが無駄だったとはまったく思わない。それらの積み重ねの結果として、いまの自分があるのだから。

四国八十八ヵ所の遍路道を歩いて回っていると、魂が揺さぶられるほど澄み切った心を持った人に出会った。そうした突き詰めた果てに見えるものには、いつも粛然とした気持ちにさせられた。

私は清潔なものが好きだった。本当に清いものを探していた。

「おれのこと、恨んでいるだろ」と言った元刑事さんの心根を清いと思った。そして「感謝している」と返した私の言葉には、なんの駆け引きもなかった。

第五章

本物

『いだてん』高橋是清の衣装で｜NHK｜2018年10月

裏方志望

今度生まれ変わったら、どんな仕事をするだろう？　俳優？　歌手？　いや、いまと同じ仕事はしない。探り出せば、もっと違う可能性だって出てくるはずだ。プロデューサーかディレクターか、より高いところから自分を眺めて、いまの仕事の引き出しを増やすような仕事ができればいい。

もともと私は〝裏方〟志望だった。一九六七年にグループサウンズでデビューして浮き草のような生活をしていたころから、自分の将来ビジョンを考え、シミュレーションを繰り返していた。

思い描いていた夢は、脚本を書き、映画監督になることだった。

映像への思いは最初からあった。当時はアメリカン・ニューシネマ全盛時代だ。『俺たちに明日はない』（一九六七年）、『明日に向かって撃て！』（一九六九年）、『イージー・ライダー』（一九六九年）。泥臭さのなかに人間が生きているリアリティーを感じた。

第五章
本物

ニューヨークの底辺で生きる若者二人の友情と破滅を描いた『真夜中のカーボーイ』(一九六九年)と、男同士の奇妙な友情を描いた『スケアクロウ』(一九七三年)は、やがて『傷だらけの天使』の原型になる。

最初に私が本格的に関わった映画は、『約束』(一九七二年)である。前の年に端役で出演した辺見マリさん主演の映画『めまい』の斎藤耕一監督に頼み込んだ。

「いちばん下っ端でいいから、スタッフとして使ってくれませんか」

ザ・テンプターズを解散し、本格ロックを目指して新たに結成したPYGも脱退した直後だった。女の子にキャーキャー言われていたGSアイドルのショーケンが突然、雑用係を志願してきたのだから、監督も最初は面食らっていた。

「いや、助監督といっても仕事はハードだし、そんなモヤシみたいな体してたら倒れちゃうよ」

「とにかく勉強したいんです」

サードの助監督から入った。つまりお茶汲みの使いっ走りだ。

当時、斎藤夫人が営んでいた東京・青山のバーに出入りしていたのが、倉本聰、市川森一、中島丈博といった気鋭の脚本家たちだった。彼らの雑談のなかから言葉の宝が生み出される。それらは助監督という立場だからこそ聞くことのできるせりふの原石だった。

「アキラという名前でも、明日の『明るい』という字じゃないやつ。こいつに明るい明日なんてないんだからさ」

彼らから次々にこぼれる言葉の断片を頭の中にしまい込んで、ここぞというときに出せるよう整理しておくようにした。

映画『約束』では、主役の候補女優から軒並み出演を断られ、まぐれ当たりのようにして幸運にもパリにいた岸惠子さんの出演が決まった。そして、やはりまぐれのように私が共演者に収まった。

自分が目指していたのは俳優ではなく、映画監督だ。しかし、この映画を頓挫させるわけにはいかない。何としても前に進めて完成させなければ。だってGSブームが終わり、PYGも脱退した自分には、帰るところがもうないんだから。自分の居場所は自分でつくる。こちらも命がけだった。

いまに至るもアイドルだった歌手が俳優で成功する例は極めて少ない。だが私にはもともと俳優で成功しようという気持ちがない。だから、なんの計算も欲もなかった。

私にあったのは、映画への純粋な思いだけだった。映画は美しい芸術だ。フィルムで映画を撮る監督はいまやほとんどいないが、フィルムの世界はこのうえなく美しい。恋愛からアクション、暴力、エロまで虚構の世界をよりリアルに美しく成立させる。映像への情熱が私の行動原理だった。

これまで名だたる監督や脚本家、プロデューサー、アーティストたちと出会い、仕事をともにしたり交流を深めたりすることができたのは、おそらく自分にお金や名声を求める私利私欲がなかったからだと思う。

ミュージシャンから離れ、一九七二年から七年間ほど脚本や助監督の勉強をした。だから私の俳優としての出発点は、ほかの俳優とは異なっている。これ以降も俳優を務めながら企画、脚本、演出、音楽、製作といった裏方作業にコミットし、作品づくりに参加していった。

監督になりたい気持ちは、ある時期までは変わらず抱いていた。何度かその機会もあったが、結局、縁がなく実現しなかった。加えて自分にはそれだけの技量、才能、器がないことを痛感した。

それというのも、俳優人生の途上で「本物の映画」に出会ってしまったからだ。

黒澤映画との出会い

これこそが映画だ。本物の映画だ。

自分が経験したこれまでの映画とは作り方が根本から違う。

いままでやってきたことは何だったんだ――。

黒澤明監督の映画『影武者』(一九八〇年)を経験して、そう思った。日本の映画じゃない、とも思った。

まず二年七ヵ月という撮影期間。そのうち半年以上をリハーサルに注ぐ。その間、俳優もスタッフも仕事の掛け持ちは許されない。すべてをこの映画作りに捧げなければならなかった。黒澤さんに言わせれば、

「映画俳優が掛け持ちしているというのは、世界でも稀有なことだよね」

当時、私は映画『ロミオとジュリエット』の監督として知られるフランコ・ゼフィレッリから出演オファーを受けていた。とても魅力的ではあったが、日本の俳優である限り、まず黒澤映画を知っておきたい。迷ったあげく、自己投資だと思って『影武

者』を選んだ。

時は戦国時代。勇猛を恐れられた武将、武田信玄の影武者として生きる宿命を負わされた盗人の悲劇を描く。私の役は信玄の側室の子、勝頼だった。ところが、途中で織田信長役が決まらず、黒澤さんから信長をやるよう言われた。

それを断わったのは、すでに脚本を読み込んでいたからでもある。そして脚本にある、信長が能を一指し舞う場面が決定的だった。

NHK大河ドラマ『元禄繚乱』でも、綱吉が能を舞うシーンだけは断わった。基本の型を押さえるだけでも数年かかる伝統芸能だ。真似事では済まされない。綱吉のときは人間国宝の能楽師に代わりに舞ってもらった。

黒澤監督の異常とも思える映画への執念には、心底おののいた。

噂じゃない、本当なんだ、と身がこわばった。

黒澤監督の映画『蜘蛛巣城』（一九五七年）で、主役の武将を演じる三船敏郎が無数の矢を浴びながら逃げ惑うラストシーンは、実際に本物の矢が射掛けられた。最後は矢が首を真横にビシッと射抜く。三船さんは「おれを殺す気か」と撮影後にライフル銃を手に黒澤宅まで押しかけたという「伝説」が残っている。

私は黒澤さんに直接尋ねたことがある。

「あれは本当に三船さんの首に向けて矢を打ち込んだんですか」

黒澤さんはサングラスの奥の目を細めて自慢げに答えた。

「そう見えるだろ。あれはね、首の近くを矢が通るショットに、首を貫通したように見える矢を三船が付けたショットをつないだんだ。それでフィルムを一コマ落としたんだよ。一コマだけね。三船ちゃんもさすがに怖かったらしいけどね」

三船さんが味わった恐怖を私も経験することになる。

まず、俳優たちが重い鎧兜《よろいかぶと》を普段着のように着こなすまで、黒澤さんはカメラを回さない。甲冑に身を固めたまま馬を駆って全力疾走する。途中で何度も振り落とされた。

熊本城での撮影では、鎧兜を着たまま切り立つ石垣の縁に立たされた。崖下から仰ぎ見るカメラで私たちを狙う監督は「もっと前、もっと前」と要求する。少しずつ縁に近づく。風で背中を押されたら、崖下にまっさかさまだ。助監督チーフが叫ぶ。

「危ないですよ。これ以上進んだら、萩原さんが本当に落ちます！」

「下がるな！　前だ！　体を前に傾けろ！」

縁まであと数センチしかない。助監督が手で私の体を支えてくれている。

「おい、手が映る。手を放せ！」

この人は正気じゃない、こちらまで頭がおかしくなる、と思った。

限界を超える

しかし、単に無理難題を押し付けるわけではない。できる監督は俳優をノセるのがうまい。なかでも黒澤さんはピカイチだった。

「ノセる」というのは、単におだてるとか煽《あお》るのではなく、役者の心に火をつけて本気にさせることを意味する。

たとえば、黒澤さんは俳優たちを前に、さりげなくこんなことを言った。

「このシーンがちょっと長いんだよ。20世紀フォックスが、ここは二分二十秒で終わりたいと言っているんだよな」

『影武者』はフランシス・フォード・コッポラとジョージ・ルーカスがエグゼクティブ・プロデューサーに名を連ね、20世紀フォックスが製作費の一部を負担して世界配給を担っていた。20世紀フォックスと言えばハリウッド、ほとんど映画の代名詞でさえある。

「世界のクロサワ」をアピールしながら、この映画は世界の観客が見ることを伝える。役者冥利に尽きるではないか。全身が奮い立った。

あるいは始終、怒りまくっていた監督が突如、優しくつぶやく。

「時間がかかったけど、ずいぶん良くなってきたね。さ、今度は私が支度をしなきゃ」

これも効いた。人間に対する好奇心が人一倍強い黒澤さんは、俳優の心のどこを突けば気合が入るのか、発奮するのかを実に心得ていた。

『影武者』で、姫路城の天守閣で撮影しているときだった。遠くを走る新幹線の音がワーンと聞こえた。すぐさま監督の怒号が飛ぶ。

「カーット！　何だ、いまの音は？」

「新幹線です！」

「新幹線？　おい、誰か国鉄と話し合って新幹線、止めてきてくれよ」

本気だった。役者陣が揃ったその夜の夕食会に遅れてきた黒澤さんが開口一番、報告する。

「みんな、すごくいい情報があります。二日後の朝、国鉄が新幹線を二十分間止めて撮影に協力してくれることになりました。その間に撮るから、みんな、思い切ってやってくださいよ」

この一言で、現場はワッとばかり一気に士気が高まった。

ところが後になって、映画は全編アフレコだったとわかる。やられた。新幹線の音なんて関係がなかったのだ。

黒澤さんはすべて計算尽くでやっていたんだと思う。新幹線が通ることはロケハンの段階で監督にもわかっていたはずだ。その意味では、まぁ見事なものだった。

監督の「ノセ」に応じる役者と、そうでもない役者がいる。私はそれに自らノッていくほうだった。俄然、テンションが上がって燃え上がる。限界を超えたときに何かが弾け、生まれる。

演技についても、黒澤さんは俳優をどんどん追い込んで、自分が考えている限界を超えるまでやらせた。リハーサルのときから、私はとことんしごかれた。

「君のやっていることは、海の向こうに届かないんだよね。世界では君のことを誰も知らないんだよ」

最初に自分の思うイメージで演じると、即座に否定された。

「そうじゃないよ！」

「どうしたらいいんですか？」

「やってみてくれよ。君の仕事だろ！」

演じるたびに黒澤さんは地団駄を踏んで、時に涙を流して怒りまくった。

「君はどこから本気の芝居なんだよ！」

「最初から思いっきりやってくれよ」

本当の表現に至るまで何度も繰り返しやらせる。曲がった刀も、本物は叩けば直る。そういう信念を持った監督だった。

黒澤さんとの出会いは、私の俳優としての転機となった。

完全主義

撮影現場で私はなぜか黒澤さんに呼ばれて意見を求められることが多かった。生意気でずうずうしかったからだろう。正直な意見を聞きたかったのかもしれない。

こちらとしては、できれば話しかけてほしくなかった。というのも、私がふと漏らした感想によって撮影の変更や追加がなされ、そのぶん余計な製作費と手間暇を要することになりかねないからだ。

映画のラスト、影武者から盗人に戻った仲代達矢さんが屍《しかばね》となり、「風林火山」の軍旗とともに川を流されていくシーンがある。冷たい川のなかを長時間、うつ伏せになって漂う過酷な撮影だ。「仲代さん、たいへんだな」と思って見ていたら、監督が私を呼んで感想を聞いてきた。

「萩原くんは、これ、どう思う?」

「…………」

「いや、これを見てどう思うんだ?」

「川の流れが穏やかですね。何かうねってたほうが……」

「君、いいこと言うな」

スタッフを呼んで指示を出した。

「川の流れを逆にしてくれないか」

やはり本気だった。川下のほうから消防車のホースで勢いよく放水し、流れが渦巻くようにした。仲代さん、本当に死んでしまうんじゃないか、と思った。

プロデューサーの田中友幸・東宝映画社長からは、私が余計なことを言わないよう「監督のそばに近づくな」と命じられていた。田中さんは黒澤さんのことを評して言う。

「あいつはズルいんだよ。本当は自分が気づいていて、『どうだ?』と聞いて、人のせいにするんだから」

黒澤さんは一点のほころびも許さない完全主義者だった。

誰もが目の前の信玄を本物と疑わないなかで、孫だけが「爺爺ではない」と見抜くシーン。撮影に一週間をかけて、やっとオーケーが出た。黒澤監督が確認を取る。

「よし、全部大丈夫だね」

「すみませーん」

隅のほうでエキストラの一人が手を挙げている。いやな予感がした。

「どうかしたかね」

「腕時計と指輪をしてました」

バカやろう、と心のなかで毒づいた。どうせ映っていないんだから黙っていれば誰にもわからないんだよ。その場にいた全員が心中、穏やかじゃなかったと思う。黒澤さん、なんて言うかな。みんなが息を殺して次の一言を待つ。

「そうかね、じゃあもう一回撮ろう」

クライマックスの「長篠の戦い」の撮影には、さらに長い日数がかかった。北海道の原野に全長四百メートルに及ぶ馬防柵をつくり、数百頭の馬とエキストラを投じて撮影した大スペクタクルだ。本当の合戦《かっせん》が行われるかと錯覚するほどだった。

スタートはカチンコではなく、発煙筒だった。

私の出演シーンが終わったときに、また監督からお呼びがかかった。

「萩原くん、どう思うかね」

「…………」

ヘタなことは言えない。ふと地面を見たら、気づいてしまった。地面にブルドーザーの轍《わだち》が付いている。戦国時代ではありえない。プロデューサーの田中さんが不安げにこちらを見つめている。正直に言いたいが、言えば田中さんばかりか、みんなに大きな迷惑がかかる。このときはさすがに言葉をのみ込んだ。

人生の難関

『影武者』は主演の信玄役だった勝新太郎さんが、黒澤さんと衝突して降板したことでも世間の注目を集めた。

降板の理由は、勝さんが自分の役作りのためビデオカメラを持ち込もうとしたのを黒澤さんが許可しなかったから、と言われている。だが、それは単なるきっかけで、リハーサルに出てこない勝さんに、黒澤さんは不満と怒りを募らせていた。

黒澤さんに内緒で、勝さんの宿泊するホテルに出向き、二、三度、進言したことがある。

「勝さん、リハーサルに出てきてくださいよ」

そのたびに勝さんは言葉を濁していた。

「もうすぐ出るから」

降板の経緯については、これまで関係者がいろいろと証言している。その真偽については わからない。

ただ、私には確実に言えることがある。大先輩に対してたいへん失礼ではあるけれど、勝さんは『影武者』を死んでもやらなきゃいけなかった。

人生には必ず難関がある。どんな天才でも巨匠でも、生きていれば必ず厳しい試練に遭遇する。そのときは、何があっても立ち向かわなければならない。そうしてどうにか突破するしかない。けっして逃げちゃあダメなのだ。

『影武者』は勝さんにとって、そのどうしても突破しなければならない難関だったと思う。

私にとっての難関の一つは、どん底に落ちたときに娘の養育費を支払い続けるために、着ぐるみショーのアルバイトをすることだった。

大麻取締法違反で逮捕されたとき、億単位のＣＭ契約違約金を支払って一文無しになった。文無しでも毎月、養育費を支払わなければならない。ところが、支払おうにも仕事がなかった。

なんとかしなきゃいけない、と困り果てている私を見かねた役者仲間が、遊園地のイベントのアルバイトを紹介してくれた。

やった。ぬいぐるみを着て、子ども相手に愛想を振りまいた。天地真理さんの歌謡ショーのバックで踊ったこともある。三ヵ月間、一日も休まずに働き、養育費は一回も滞ることなく支払った。

もちろん、屈辱だった。悔しかった。けれども、ぬいぐるみで顔を人目にさらさずに済んだわけだからラッキーだったと言えるかもしれない。

『影武者』は勝さんにとって突破すべき難関だった。というのも、勝さんは当たり役の座頭市を映画とテレビのシリーズで繰り返し演じている自分に明らかに飽きていたからだ。

黒澤明という突出した映画監督との四つ相撲、武田信玄と影武者の一人二役は、勝さんが俳優として新しい自分を発見できるまたとない機会であり、大きな飛躍のチャンスだった。

自分に飽きている俳優は、いざ戦わなければならないときにビビって立ち向かうことができない。実際に戦ってみると、相手は思ったほど大きくもなければ強くもないのだけれど。そして敵に一度でも背を向けたとき、相手はさらに大きく見えてしまう。

勝さんは黒澤監督に命じられ、叱られている自分が許せなかった。言葉を換えれば、世界の巨匠に怖気《おじけ》づいていた。私にはそう思えて仕方がない。

『乱』には出ない

黒澤さんのことを周りはみんな「先生」と呼ぶので、私も「先生」と呼んでみた。すると、黒澤さんから言われた。

「萩原くんは、あと一本、私と一緒にやったら、『先生』と呼んでくれていいよ」

それから撮影が終わって、ご自宅に挨拶に行ったときだ。

「ありがとうございました。最後に握手をしていただけませんか」

「もう一本やってからな。もう一本やったら握手するよ」

黒澤夫人が「あなた、握手してあげなさいよ」と助け舟を出してくれ、私は監督の手を握りしめた。

はたして『影武者』の後、すぐに『乱』（一九八五年）への出演オファーがあった。スタッフから手紙で「萩原さんは、こんな小さな役では不満だと思うが、いかがでしょうか」という趣旨のことが書かれていた。出演料も明記されていたように思う。

結局、私は返事を出さなかった。だから出演を承諾もしていないけれど、お断りもしていない。それが私なりの礼儀だった。

『影武者』に出て、映画界における最高の〝大学〟で学ぶことができた。でも〝大学院〟まで行く必要はあるかな。それが正直な気持ちだった。

『影武者』では二年七ヵ月という長期にわたり身体を拘束された。その間、他の仕事を入れることができず、無収入になる。

もちろん、お金には代えがたい経験であり、そもそもお金目的の仕事ではない。とはいえ、現実に食べていかなければならない。ハリウッド級の大作ではあっても、出演料はあくまで日本映画のそれだった。

黒澤映画の世界に二年半も浸っていると、頭か体がぶっ壊れてしまう。別の言い方をすれば、洗脳されてしまう。

自分が元いた世界とあまりにスケールが違いすぎて、たとえばもうテレビの世界に戻ることができなくなるんじゃないか。そんな不安と怖れさえ抱いた。

さらに『影武者』は、一つ間違えば命にかかわる危険な現場だった。合戦のシーンは三百騎もの騎馬隊が地響きを立てて原野を疾駆する。そこでもしも落馬したりすれば、ひとたまりもない。現場では救急車が常時待機していた。実際に仲代さんは落馬して全治一ヵ月のケガを負った。

俳優としての私はそうした修羅場で大いに育てられたと思うが、同じことをいまやれば人権問題になり、たちまち訴えられることになるだろう。自然に俳優は敬して遠ざけるようになる。

黒澤さんもそのことに気づいたのではないか。『乱』以降は、超弩級《ちょうどきゅう》のスペクタクル大作から離れ、『夢』『八月の狂詩曲《ラプソディー》』『まあだだよ』といった作品を撮るようになる。

幻の『敦煌』台本

小林正樹さんも黒澤さんと同様、日本映画のスケールを超えた大作を手がけた監督だった。『人間の條件』六部作（一九五九〜六一年）や『怪談』（一九六四年）、『東京裁判』（一九八三年）といった歴史に残る映画やドキュメンタリーを撮った。出演をお受けしながら、結局最後までご一緒できなかった監督の一人だ。

小林監督とは、井上靖の小説を原作とする日中合作映画『敦煌《とんこう》』で組むことになっていた。のちに監督から伺ったところによると、『前略おふくろ様』で私の母親役を演じた田中絹代さんが、又従兄弟に当たる小林さんに「萩原くんっていいわよ」と私を推してくれたらしい。

私は主人公の趙行徳を演じることになっていた。しかし脚本を読んで、趙行徳よりも、強欲でニヒルな貿易商人の尉遅光を演じたいと思っていた。共演者には、仲代達矢さんや勝新太郎さんの名前が挙がっていた。

小林監督はすでに絵コンテを完成させ、三十頭の象を仕込んで準備を整えていたというが、ほどなく降板させられた。製作総指揮の徳間康快さんと芸術的な面でそりが合わなかったようだ。

その後、深作欣二監督による製作発表がなされたが、最終的に佐藤純彌監督、佐藤浩市主演で一九八八年に公開された。配役も脚本もオリジナルとは異なるものだった。

思い出深いのは、マーロン・ブランドに出演を交渉するために、彼が暮らすタヒチを小林監督たちと訪れたことだった。変人で知られたが、タヒチで会ったブランドは実に紳士的で、私たちと面談するときはメーキャップを施し、まつげを付けていた。

ケンブリッジ大学の考古学博士の役で出演はワンシーンだったが、一ヵ月を押さえたスケジュールで要求された出演料が、それだけで莫大な製作費の半分が消し飛ぶ数字だった。

ブランドはアカデミー賞を総なめにしたコッポラ監督の映画『ゴッドファーザー』（一九七二年）で名声を得て、すでに「世界一ギャラの高い俳優」として知られていた。ブランド出演の構想はあっさり流れた。

ほとんどすべてを廃棄した台本の中で、私がわずかに手元に残したうちの一冊が、この『敦煌』のオリジナル台本だった。

表紙に「検討稿　1983・2・15　『敦煌』制作準備委員会」とある。書き込みのないまっさらなままで、ついに日の目を見ることのなかった幻のシナリオとなった。

小林監督とともに、声を掛けていただきながら結局、ご一緒できなかったのが、今村昌平監督だった。『復讐するは我にあり』（一九七九年）、『ええじゃないか』（一九八一年）、『11'09"01／セプテンバー11』（二〇〇二年）……。

『カンゾー先生』(一九九八年)への出演は、翌年から始まる『元禄繚乱』の徳川綱吉役について脚本家や演出家が自宅に来て話を詰めていたときに打診があった。三國連太郎さんが体調不良で降板した代役への出演オファーだった。このときも応じることができず、申しわけない気持ちでいっぱいだった。

早坂暁さんが渥美清さんのために書いた『首人形』という脚本があった。流浪の俳人、尾崎放哉が小豆島《しょうどしま》で過ごした最期の一年を描いた物語だった。体調のせいか渥美さんが出演できず、私に声をかけていただいた。

監督を今村さんにお願いできないか。電話でご家族に打診して、自宅まで面談に伺った。今村さんは病気と加齢によって車椅子を使って暮らしている状態で、断念せざるを得なかった。今村さんとはお互いに近づきながらも、残念ながらついにご縁がなかった。

黒澤監督にせよ小林監督にせよ、あんなケタ外れのスケールで世界を構築する現場は、いまの日本映画界にはもう存在しない。

しかし、たとえばスペクタクル映画を撮るのなら、ハリウッド方式ではなく、日本には日本に合った撮り方があると私は考えている。大きなカメラを三台使うマルチカメラや、膨大な数のエキストラを使うのではなく、知恵を出せばお金のかからない別の方法がある。

私がそれを学んだのは、神代辰巳監督からだった。

師たる神代辰巳

私は映画の美学を黒澤監督から学び、映画に関する技法を神代監督に学んだ。脚本の読み方、ドラマの作り方、フレームの感覚……。神代さんは低予算のなか技術力を駆使してロマンポルノを成立させた日活の出身だった。

神代さんとは『青春の蹉跌』（一九七四年）から『アフリカの光』（一九七五年）、『恋文』（一九八五年）、『離婚しない女』（一九八六年）と最も多くの映画をともに作ったが、最高傑作は連城三紀彦原作の『もどり川』（一九八三年）だ。

公開直前に、私が大麻不法所持で逮捕されなければ、もっと話題になり、評価を得ていた映画だったと思う。監督が賞を狙っていたカンヌ映画祭では、コンペティション部門ではなく、特別招待作品の枠になってしまった。

大正時代、すさんだ生活を送っていた歌人の苑田岳葉は道ならぬ女性遍歴を重ね、心中未遂事件を繰り返す。事件を題材とした歌集で時代の寵児となるが、やがて破滅に向かって突き進んでいく。

神代さんとはアイデアを出し合った。岳葉と不倫する師匠の妻（樋口可南子）は原作では出家するが、よりアンチモラルな存在感を出すために女郎という設定にした。岳葉が娼婦宿に乗り込む場面の神代監督の演出がすごかった。愛する女郎の股に顔を突っ込んで、お客が出したばかりの精液を吸い取れ、という。岳葉の妻（藤真利子）が結核で吐血するシーンでは、岳葉に妻の口を吸って血をすすらせた。駆け落ち先の温泉宿で深窓の令嬢（蜷川有紀）を裸にして、背中から尻にかけて朱墨で乳房やへそを描くのは私のアイデアだ。

太宰治をモデルにした退廃的、背徳的な岳葉の生き方に世間は私のイメージを重ねたが、岳葉はむしろ神代さん本人だった。彼はよく「太宰治に惚れて、されど太宰になれず」と語っていた。

「太宰はやっぱり天才だよ。読んだ？」

そう言われて全集を読んだ。さらに太宰のほか北原白秋、大杉栄、菊池寛……当時の文人たちの写真を片っ端から集め、その風貌、しぐさを研究した。トーマス・マンやテネシー・ウイリアムズ、名作から難解な本まで数多く読まされた。

「作家の名前におののくのではなくて、そのまま素直に読みなさい」

「物事を曲がって考えないで、素朴にストレートに考えることをしたらどうかな」

「仮に条件が悪くても、とことんやり抜け」

こちらは生意気盛りで抵抗もしたし、テーマをどうするのか、どういうふうに撮るのか、大げんかになったこともよくあった。

「芸術を志す者が、それじゃあ生ぬるいんじゃないか」

若気の至りで、そんな無礼な口もきいた。

遺作となった『棒の哀しみ』(一九九四年)には「最後の作品だから出てよ」と言われたが、神代さんは肺を病んで入退院を繰り返し、酸素ボンベと車椅子で生活していた。そんな姿を見ながら芝居など到底できない。プロ失格と言われるかもしれないが、私はそうした場面がからきしダメなのだ。

翌年、神代さんは他界した。自分に厳しく、質素で謙虚な人だった。もっと自分を評価して驕《おご》ってもよかったんじゃないか、とすら思う。

告別式では「たった一人の師匠でした」と弔辞を読んだ。

「これからは、師匠から学んだことを少しでも、若い世代の監督や役者たちに、出しゃばらずに伝えることができるような役者になっていきたいと思います」

柩《ひつぎ》には、私がお遍路をしたときに着ていた白装束を収めた。

脚本づくり

これまでの俳優人生を振り返れば、私は優れた監督とともに優れた脚本家と出会ってきた。彼らに鍛えられ、その経験を通して培ったものが自分の肥やしになっている。

優れた脚本は書いてある通りに演じていけば、それだけでドラマが成立する。自分でせりふを加えたり変えたりして肉付けする必要がない。脚本に書かれた言葉を大事にして、膨らませていけばいいだけだ。

しかし、最近は脚本を立体的に書ける人が少なくなったと感じる。全体の時間と空間の把握がうまく計算できず、実際に演じてみると、ドラマの世界で自然に時間が流れていないということが起きる。

脚本は机の上で書いているのと、実際に立って芝居をするのとでは、時間と距離の寸法が変わる。寸法が合わなければ、ドラマの展開が不自然になる。

俳優とはいえ裏方志望だったために、私は若いころから脚本チームに入ってホン作りの手伝いをしてきたが、六十代半ばに至って本格的な脚本を一人で書くことにした。

それには理由がある。脚本に不満があるならば、自分で書いてみればいい。自ら骨身を削って脚本を仕上げることで、書き手がどこで苦労し、何が足りないかが正確に把握できると思った。

自分で映画『竜馬を斬った男』(一九八七年)を製作・主演したときも、資金集めから始め、産みの苦しみを体験した。それまでは稲を刈ることしか考えていなかったけれど、種を蒔き、稲を育てることも考えるようになった。三億円の大赤字を出したが、けっして無駄にはならなかった。

私が書いた脚本は社会派アクションに属する。主人公は何でも運ぶ「運び屋」だ。

オーストラリアから中国、モスクワに天然ガスのパイプラインを建設する国際プロジェクトを背景に、各国の諜報組織が入り乱れて国際的な謀略が展開するなか、運び屋はバリ島の財閥の子どもを運ぶ――。

構想から執筆まで二年。次々に湧き出るアイデアをパソコンの文字に落とし、自分の知識や世界観をすべて注ぎ込んで完成させた。執筆に集中しすぎたあまり痙攣発作を起こしたことは前に書いた通りだ。

海外を旅した先々では、この風景が使える、ここではカメラをこの角度で、とつねに創作のアンテナを立てて構想を練った。

放送や上映の当てがあるわけではなかった。しかし、映画にこだわる必要はない。小説でもアニメでも、表現の仕方は一様ではない。あるいは脚本がそのまま形とならなくても、一部が取り入れられたり、原案として採用されたりすることだってあるだろう。

映画やドラマを作っていると、煮詰まるときが必ずある。神代監督も撮影が思ったようにいかないときには、「何かないか、何かないか」と口ずさむように繰り返していた。

あの黒澤監督にしても、現場でよく俳優やスタッフたちを叱咤した。

「僕ばかりに言わせないで、君たち何かないのかね」

そのときに「こういうアイデアは使えないでしょうか」「こういう場面を挿入したら、どうでしょう」と提案できるよう、日ごろからアイデアを考えて、捨てずに温めておくことだ。

相手が偉ければ偉いほど怖気づいてしまうだろう。でも優れた監督や脚本家ほど良いアイデアならきちんと生かしてくれる。無駄にはならない。

『元禄繚乱』では、脚本の中島丈博さんや演出の大原誠さんに、よくアイデアを提案した。

私は将軍綱吉を演じるに当たって、徹底的に関連資料を読み込んだ。そして、綱吉の短軀、マザコン、天才ぶりから、その役作りにシェークスピアが描いた残忍で狡猾で醜い肉体を抱えた暴君『リチャード三世』をモチーフにした。

浅野内匠頭《たくみのかみ》（東山紀之）をはじめとする大名たちが綱吉に挨拶するシーンで大原さんに尋ねた。

「ここで綱吉は何人の大名と面談しているんですか？」

「八十人くらいかな」

「綱吉は飽きないですかね。トイレには立たなかったのかなぁ」

「それは考えなかった。どういうこと？」

「いっそ、ここで綱吉がおならをしちゃう、というのはどうでしょう」

傍若無人な独裁者が公衆の面前で放屁する。いかにもサマになるじゃないか。それなら浅野内匠頭のときがいいだろう。浅野に屈辱を与える結果となるが、実は綱吉にそんな気はさらさらなく、ただ飽きたというだけなのだ。

そこから、おならの音は乾いたものがいいか、それとも湿ったほうか、〝放屁論議〟が始まった。

カメラマンの存在

映画作りのなかで撮影監督の存在も大きい。監督同様、彼らが私たち俳優を時にノセてくれるのだ。

私がお付き合いしたのは、『化石の森』（一九七三年）、『雨のアムステルダム』（一九七五年）の岡崎宏三さん、『青春の蹉跌』『アフリカの光』（一九七五年）の姫田真佐久さん、『竜馬を斬った男』の森田富士郎さん、『影武者』の宮川一夫さんら、いずれも日本映画が誇る名匠だ。

実際に起きた誘拐事件を題材とした映画『誘拐報道』（一九八二年）で、伊藤俊也監督は私とカメラマンの姫田さんに向かって言った。

「二十七日間で全部撮りたいんだ。あなたと姫ちゃんに全部任せるから」

伊藤さんは「神代作品で組んだ姫田・萩原のコンビであれば、二人できちんとやれるに違いない」と全幅の信頼を置いてくれた。そうなれば、こちらも大いに発奮しないわけにはいかない。

誘拐犯を演じるに当たって、私は二ヵ月で十キロほど体重を落として撮影に臨んだ。姫田さんは数々の名画を手がけたはるか年上の大先輩だが、意見をぶつけ合い、時に口論さえしながら撮影を重ねた。

丹後半島の海辺に設置した電話ボックスから脅迫電話をかける撮影はスリリングだった。車を運転して新雪の積もった道路からボックスに寄せ、電話をしたあと、車で去る。それを姫田さんは望遠レンズで捉える。車の轍ができるので失敗は許されない一発勝負だ。

「合図は海の大きな波だ」と姫田さんが言う。

「このシーンを監督へのプレゼントにするぞ！」

現場ではこういうノリが命なのだ。その躍動するエネルギーは確実に映像に表れる。現場がある次元に達すると、記録や勝敗ではなく、俳優、スタッフ、技術陣みんなでいいものを作り上げていく「運命共同体」になる。それが現場に宿る映画の命であり魂だ。

蜷川幸雄さんが監督した『魔性の夏—四谷怪談より』（一九八一年）の撮影現場のことをいまも思い出す。アイデアがひらめくと、すぐに監督に提案した。伊右衛門《いえもん》を演じる私は、いかにも時代劇のかつらをかぶっているような髪型にしたくなかった。

「監督、これ、いかにもかつらじゃカッコ悪いからさ」

「うん」

「ここの地毛を七分に伸ばして、これをむしり（髷《まげ》の下の皿型の毛髪）にしていいかな」

「あっ、それいいね」

こうしたやりとりは、バンドの演奏で生まれてくるノリ、うねり、グルーブ感に近い。共同作業でこそ増幅し、加速していくエネルギーだ。姫田さんは『誘拐報道』で日本アカデミー賞の最優秀撮影賞を受賞する。

撮影カメラの進化によって画面の質感だけではなく、芝居も変わる。

フィルム時代でいえば、映画向けの三十五ミリフィルムと、テレビドラマに使っていた十六ミリフィルムでは画質の鮮明度が違う。それはとくに空気感に表れる。

私が制作を手がけた連続ドラマ『祭ばやしが聞こえる』（一九七七〜七八年）では、映画における抜けた空気感が欲しくて、三十五ミリカメラで撮影した。当時のCMは三十五ミリカメラで撮影していたため、十六ミリのドラマとの画質の差を解消するためでもあった。

私が演じるのは、レース中の事故でケガをした競輪選手だ。先輩選手（山崎努）の実家の温泉旅館で再起を図るなか、白血病を患った若女将《わかおかみ》（いしだあゆみ）と恋に落ちる。映画用フィルムの使用とレース場面の撮影で制作費がかさみ、このときも大赤字となった。

十六ミリカメラは焦点距離が遠く、画質が荒いため、ある程度オーバーな演技をしても許容できる。三十五ミリになると鮮明度が上がり、生々しくてオーバーなアクションはクサくなる。ドラマをビデオカメラで撮影するようになると、さらにその傾向は強まる。

十六ミリカメラで撮影した『太陽にほえろ!』とビデオカメラを使った『前略おふくろ様』の映像を見ると、その違いがわかるはずだ。

ハイビジョンから4K、8Kと解像度がアップしてくると、より生々しくなり、芝居の仕方も変わってくる。リアリティーを持ちながらも浮かないように、自分の頭の中で目盛りを意識しながら演じなければならない。

現場の衰退

私は芝居についてテレビドラマで基本を学んだうえで、本格的に映画の世界に入っていった。

『課長サンの厄年』や『元禄繚乱』などで、これまでとは違う役どころに挑戦してきた。いまとなっては再放送される機会はないが、山田太一脚本の『河を渡ったあの夏の日々』(一九七三年)、倉本聰脚本の『ガラスの知恵の輪』(一九八二年)や『君は海を見たか』など優れた出演作は数多くある。

映画が本身の刀による真剣勝負なら、テレビは木刀の試合だ。だが木刀でも確実に命を落とす。そうした経験をテレビで重ねたからこそ、映画である程度自在に演じることができたように思う。

日本にはアメリカの俳優養成所「アクターズ・スタジオ」のように、普遍的な演技を身に付ける訓練場所がない。基本的な技術を積んだうえでこそ個性が生き、世界に通用する演技が可能になる。日本の俳優は現場で実地訓練をするしかないのだ。

しかし、現在の作品づくりの現場には、役者を追い込む監督や、限界まで力を引き出す演出家がほとんどいなくなり、俳優もスタッフも自らを鍛える環境を失っている。

ホン読みや立ち稽古、リハーサルは、俳優をどんどん追い詰めて「その気にさせる」ためにも必要なのだ。

いまの現場に感じるのは、圧倒的なコミュニケーション不足だ。かつては、みんないい映画、優れたドラマを作るために、真正面から意見をぶつけ合うことが普通に行われていた。それが刺激にもなり、成長にもつながった。

ところが、いまはみんな妙に聞き分けがよく、衝突を避ける雰囲気が現場を支配している。役者は「嫌われたら次から使ってもらえないんじゃないか」と言いたいことを言わず、演出家や脚本家は「自分の手の内を見せたら役者に疑問や異論を挟まれるんじゃないか」と腰が引けている状態だ。波風を立てないことが紳士的だとする風潮が、ドラマをどんどん痩せさせている。

土壇場にならなければ脚本が上がってこず、それゆえ撮影前日や当日に台本を渡されても、達者にこなす役者ばかりが重宝されるようになった。台本を横目で見ながら器用に演じる役者さえいる。

せりふを間違えれば笑ってごまかす、緊張感のない現場になっている。あるいはせりふを間違えると「ごめんなさい」と言って、自分で勝手にNGにする。NGを出すのは監督や演出家であって本人ではない。俳優はカットがかかるまで何があろうと演じ続けなければならないのだ。

私たちの仕事は一度終わってしまえば、次の機会はない。だからその時その時に精一杯がんばるしかない。私に関して言えば、全力を出してやることがいちばん心地良く、結局、疲れない方法でもある。

和田勉さんや深町幸男さんらかつてのドラマ演出家は、撮影した映像素材を自ら編集していたが、いまは編集マン任せだ。だから撮影している部分がどう使われるかわからず、作品が編集マンのものになっている。

たとえば一つのシーンをL字形に置いた三台のカメラで同時に撮ると、一気に撮影は終わる。ところが、別角度から撮ったり、さらに寄ってみたり引いてみたりと、しつこく繰り返す演出家が少なくない。

「一応、念のためにこの角度からも撮っておきましょう」

「これ、カット数が多くないかな？」

「いやぁ、編集マンに後で『このカットがない』と言われても困りますから」

「それじゃあ、あなたのアイデンティティーがないんじゃないの」

要するに演出家のなかで絵ができていないのだ。時間の無駄であるばかりか、演技の鮮度が失われ、芝居の質が落ちる。気持ちを練り上げた末にほとばしり出るような演技を何度も繰り返すことができるだろうか。役者をうまく使うことも演出家の仕事である。

大女優の貫禄

かつての映画スターはその存在感が大きすぎて、テレビのブラウン管には収まりきらないと言われた。映画産業が斜陽となり、映画俳優がテレビに出演するようになったとき、彼らは「使いづらい」とさえ言われた。それだけ映画スターの存在感は圧倒的だった。

私はこれまで数多くの名優と共演してきたが、ここで一人だけ挙げるとすれば、NHK大河ドラマで共演した京マチ子さんだ。日本映画の黄金時代、世界の黒澤明や溝口健二に育てられた女優。

「人間の生地」が最初から違う。「肌の呼吸」が違う。

「肌の呼吸」とは演技のきめの細やかさである。喩《たと》えていえば、同じオーケストラでも指揮者によってその響きや音色が違うように、役者によって肌の呼吸のあり方が違う。呼吸がうまくいっている場合は、見ていて違和感なく、その世界に入っていける。それは演技の深みやリアリティーにつながってくる。

『元禄繚乱』で京マチ子さんは、私が演じた綱吉を溺愛する生母、桂昌院を演じた。当時、七十代半ば。普段はいっさい無駄話をしない。カメラが回ると、綱吉に向かって台本のページをまたぐ長ぜりふを流れるように語る。

ご本人はしっとりして繊細でユーモアのセンスがある方だが、それとはまったく異なる人物が湧き出るように、ごく自然に表現される。すーっとこちらが引き込まれていく。が、最後の最後で少しせりふの滑舌が甘くなったと感じた。私が、

「もう一回やりますか？」と尋ねると、

「いいわ、こういうこともあるわね」

とゆったり微笑んだ。大女優の貫禄だ。参った。

京さんよりも歳上のお付きの女性が、また上手にノセてくれた。私がメイクルームでメイクをしているとき、鏡に写った私の顔を見て「ああ、気持ちが入ってきたな」と確かめる。京さんを呼びに行く前に、さらりと私に声を掛ける。

「萩原さん、あ、ごめんなさい、将軍」

「あ、どうも」

「よくなってきた。私はゲーブルよりもマーロンが好きなのよ」

そう言ってルームを出ていった。最初は意味がわからなかった。

つまりクラーク・ゲーブルよりもマーロン・ブランドが好みだと。私にマーロン・ブランドに相通じるものを感じてくれたのだろうか。だとすれば、最高の褒め言葉だ。

第六章

原点

ビルボートライブ｜大阪｜2018年5月30日

芸能生活五十年

二〇一七年は、私がザ・テンプターズとして芸能界にデビューしてからちょうど五十年目に当たる節目の年だった。

ビルボードから声がかかり、芸能生活五十周年を記念して「Last Dance」と題したライブツアーを五月から全国六都市で展開し、代表曲十三曲を収録した記念アルバム『Last Dance』をリリースした。

半世紀、音楽の仕事をしてきて、やり残しているものは何だろう？　これまで作詞はしていたが、作曲はしてこなかった。

翌年、ビルボードから再度、ライブツアーの話を持ちかけられたとき、新たな試みとして自分で作詞・作曲した新曲を携えて臨もうと思った。

それが二〇一八年五月にリリースしたシングル「Time Flies」（三曲収録）だ。シングル発表は一九九六年の「泣けるわけがないだろう」以来、二十二年ぶりになる。同時に自身のレーベル「Shoken Records」を立ち上げた。

第六章
原点

初めて自分の名前を付けたバンド「ショーケン・バンド」を結成し、東京・六本木のビルボード東京をはじめ、シングル発売記念ライブツアーを四都市で展開した。

五十年か……振り返ってみれば、あっという間だった。まさに光陰矢の如し。

"Time Flies"という言葉が浮かんだ。

選んだテーマは「原点回帰」だ。

さまざまな曲折を経験してきた。何度かどん底を味わった。とくにここ数年間はジェットコースターのようにめまぐるしくアップダウンした。

一人ぼっちの暮らしから、思いがけず生涯のパートナーを得た。重い病を得て、いったんは日本を離れ、海外に移り住んだ。ドラマの仕事をきっかけに帰国し、芸能生活五十周年のライブツアーを行った。

人生は帳尻が合うようにできている。ポジティブなことがあればネガティブなことがある。穴を掘れば、掘った土の分だけ山ができる。結局はプラス・マイナス・ゼロになる。人生はゼロになるまでをいかに楽しむかだ。

上り坂と下り坂は紙一重。絶頂とどん底はいつも隣り合わせにある。仕事が勢いづいているいまこそ、自分の原点を見つめ直して初心に戻り、新たな一歩を踏み出そうと考えた。

じゃあ自分にとっての原点はどこだ？

ザ・テンプターズか。

いや、原点というのなら、グループサウンズ（GS）でデビューする以前、ブルースバンドを組んでいたアマチュア時代にさかのぼる。

ブルースという原点

音楽に目覚めたころ、周りではブルースが鳴っていた。当時、姉は全盛時代のロカビリーに熱を上げていたが、私が呼吸していたのは黒人音楽のほうだ。

少年時代、横浜の山下公園近くにある「ゼブラクラブ」という進駐軍向けのジャズクラブに通った。耳を傾けていたのは、マディ・ウォーターズやB・B・キングのブルースだ。

あっちより、こっちのほうがカッコよくないか。ブルースに込められた黒人の思いがわかっていたわけではない。でも何かいいぜ。そのサウンドが少年の心をつかんで揺さぶった。

中学時代に近所の仲間と初めて組んだバンドが「クライング・ベガーズ」というブルース・ロック・バンドだ。女の子に持てたい、目立ちたい一心でギターをかき鳴らし、でたらめな英語で歌っていた。

結成したばかりのザ・テンプターズに飛び入り参加で歌ったことをきっかけに、ザ・スパイダースのリーダーでマネジメント会社社長の田辺昭知さんにスカウトされ、一九六七年にシングル「忘れ得ぬ君」でデビューした。

テンプターズのモデルは、ヤードバーズ、ローリング・ストーンズ、アニマルズといったブルージーなブリティッシュ・ロックだ。

ところが、当時はザ・タイガースやブルー・コメッツなどGSの全盛時代。自分たちの楽曲は、すべて甘っちょろい歌謡曲やポピュラーミュージック風にアレンジされた。

一九六八年には「神様お願い!」「エメラルドの伝説」という大ヒットを飛ばしたが、自分としては一日も早くテンプターズを解散したくて仕方がなかった。

まず何よりも白タイツにアップリケの付いた衣装がいやでいやでしょうがない。ブルース好きが、いきなりお花畑にいる男の子のような格好をさせられたのだ。そもそも中学生のころから学生服が大嫌いで、スカウトされたときには何よりも先に確かめた。

「ああいうユニフォームは着なくていいんですね」

「それが君たちのいいところなんだよ」

「なら、よかった」

それが舌の根も乾かないうちに着せ替え人形だ。振り返れば、当時から型にはめられることや、みんなと同じことをするのは生理的に受け付けなかった。

何事にも厳しかった母は、私の長く伸ばした髪の毛を見てたしなめた。

「ブルーボーイを生んだ覚えはありません」

当時、男娼のことをブルーボーイと呼んでいた。

金儲けのために約束が反故《ほご》にされるなんてことは、どうしても納得がいかなかった。一度、田辺さんに東京・麻布台のイタリア料理店「キャンティ」で直談判したことがある。

「田辺さん、あんな服、着なくていいって言ったじゃないですか」

押し問答が続いていると、たまたま店にいたレーサーでモデルの福澤幸雄《さちお》さんに手招きされた。

「おまえの言ってることは正しいよ。いやなことはいやだと言ったほうがいい」

福澤さんは折に触れて私のことを目にかけてくれた。レーシングカーのテストドライブ中の事故を、たまたま現場で福澤さんと見ていたことがある。爆音を響かせてテストコースを走る車が第4コーナーのバンクで見えなくなり煙が上がった。福澤さんは、

「おれ、レーサーやめられなくなった」

と言って涙を流した。鳥肌が立った。

福澤さんは一九六九年、やはりテスト走行中に事故死する。私が制作したドラマ『祭ばやしが聞こえる』の主人公は、もともとは競輪選手ではなくF1レーサーだった。その背後には福澤さんの存在が響いていた。

私の人間不信はGS時代にその種を植え付けられたように思う。いくら持ち上げられても、アイドル的な扱いに辟易《へきえき》とし、メンバー同士のけんかが絶えない。私は勝手に新聞社に解散をリークするという強硬手段でテンプターズ解散に持ち込んだ。わず

か二年と八ヵ月の活動だった。

ウッドストックとメンフィス体験

歌手としても俳優としても、自分の視線の先にあったのは、いつも海外のアーティストたちだった。一九六〇年代後半から、いまとなっては歴史に残るコンサートに出かけては、生で刺激を受けていた。

一九六六年のザ・ビートルズの武道館ライブは、ちょうどテンプターズに加入した直後だ。やっぱりカッコよかったが、そのときは集団ヒステリー状態の観客に圧倒された。

一九六七年、アメリカの「モントレー・ポップ・フェスティバル」は、有名なジャニス・ジョプリンのパフォーマンスは記憶になく、覚えているのはジミ・ヘンドリクスだった。野外ライブにはオーティス・レディングやアニマルズ、ザ・フー、ジェファーソン・エアプレイン、サイモンとガーファンクルと三十組以上のミュージシャンが参加している。

ジャニス・ジョプリンは、むしろハリウッドのサンセット大通りにあるナイトクラブ「ウイスキー・ア・ゴー・ゴー」のパフォーマンスのほうが強烈だった。ジャック・ダニエルのグリーンラベルをガーッと呑んで、バーンと瓶を割って歌い出す。その迫力に度肝を抜かれた。

一九六九年には伝説の「ウッドストック・フェスティバル」に出かけた。現地までの渋滞、真っ裸の男女、産気づく妊婦と救急車に気を取られて、ジミ・ヘンドリクスやジョニー・ウインターら名だたる参加ミュージシャンの演奏はまともに聞いていなかった。みんなが「ラブ・アンド・ピース」「ベトナム戦争反対」を叫ぶ異様な雰囲気だった。

マジソン・スクエア・ガーデンで見たローリング・ストーンズのライブはすごかった。前座がB・B・キングとアイク&ティナ・ターナーだ。観客はみんなハイ状態で、ビートルズのときの熱狂とはまったく違う。私は文句なしにストーンズ派になった。

当時、こうして海外のコンサートに出かけた日本人ミュージシャンはいなかったと思う。テンプターズが一九六九年、黒人音楽の聖地、アメリカ南部のメンフィスでレコードを録音したのも、当時としては画期的だった。

テンプターズといっても実際に行ったのは、私とリーダーの松崎由治だけだ。このメンフィスでの体験は衝撃だった。

ウィルソン・ピケットやアレサ・フランクリンの伴奏もしたというスタジオ・ミュージシャンたちの演奏のうまいこと。それに比べて、こちらのヘタなこと。モノが違った。私の歌を聴いた彼らは一言、「プリティ」。恥ずかしくて顔も合わせられない。

おれはこれまで何をやってたんだ？

エルヴィス・プレスリーの邸宅がある広大なグレイスランドにも行った。立派な家だと感心していたら、管理人の家だった。あっけにとられはしたものの、スタジオでのショックで感動は半減した。

自分のブルースに多少の自信を持っていただけに、手痛い挫折を味わった。しばらく歌えなくなり、音楽から離れようとさえ思った。

ジュリーのすごさ

テンプターズを解散した一九七一年は、スパイダースが解散し、タイガースも解散した年だ。GSは世の中に蔓延しながら、わずか三年間でブームは完全に終わりを告げた。

洋楽を翻訳して歌うそれまでの音楽スタイルと違って、自分たちで作詞・作曲、演奏をする新しい音楽シーンではあったが、一過性のはやり病のようなものだった。

ところが同年、その三バンドの主要メンバーが集まって、本格ロックを掲げるPYGを結成することになった。タイガースの沢田研二と岸辺一徳《いっとく》、テンプターズの萩原健一と大口広司、スパイダースの井上堯之と大野克夫……オールスターというか顔見世興行のようなものだった。

バンドはもう懲り懲りだったけれど、二十歳そこそこの若造にそれを拒絶する勇気もまたなかった。ジュリーとショーケンのツーフロント。プロダクションから「二人はライバル」と申し渡され、「ショーケンは動き回る。ジュリーは動かないキャラクターにしよう」と決められた。

ジュリーのすごいところは、プロデューサーの意向をパーフェクトに実行し、開花させる誠実さにある。与えられた指示をものの見事にやり遂げる。つまり彼の才能は、自らを生かすセンスを持つプロデューサーと出会ったときにこそ最高に輝くのだ。

対して私は他人から与えられた表現や役割ではなく、自分の歌を自分が思うように表現したい。つねに自分が先にある。最初からうまくいくはずがなかった。

プロダクション側は「ショーケンで一万人、ジュリーで一万人。合わせて二万人」とそろばんを弾いていたが、蓋を開ければ二百人だ。

それどころか、コンサート会場ではジュリー派とショーケン派のけんかが始まる。そもそもジュリーのファンのほとんどは女性、私のファンの多くは男だった。GSでもてはやされていたアイドルが本格ロックなんて何さまだ、とばかり罵声を浴びせられ、ステージにはトマトやゆで卵が投げつけられた。

アルバムの売り上げは伸びない。さらに私の興味は徐々に映画へと向かい、音楽活動のかたわら役者としての道を歩むようになった。PYGは一年ほどで事実上の解散となる。

なぜかジュリーと一緒にした仕事は当たらない。それはもうジンクスにまでなっている。PYGがその筆頭だが、映画『カポネ大いに泣く』（一九八五年）やNHK大河ドラマ『琉球の風』（一九九三年）もそうだった。

一度、ジュリーのコンサートを見て驚いたのは、ジュリーのＭＣが異常に長いことだった。本人にも言ったことがある。

「おまえ、あのしゃべりはすごいよ」

私はステージではほとんどしゃべらない。そもそも海外のバンドやシンガーは、舞台でそれほど話をしない。ミュージシャンのＭＣは親近感を醸し出すために日本が生んだ独特の文化でありサービスだ。

音楽と芝居の往還

ＰＹＧはＧＳからロックに変わっていく音楽シーンを追ったトレンド主義のバンドだった。突然、ディープ・パープルのステージに登場するような巨大アンプを使ったりして、バンドが隠し持つ商業主義を観客に見事に見破られた。

当時は七〇年安保で学生運動が巻き起こり、世の中全体が騒然たる空気に包まれた時代だった。文化状況はそうした時代の空気とシンクロしていた。私自身も明らかにカウンターカルチャーのほうが肌に合っていた。

だから、もともと歌謡界に残ること自体に無理があったとも言える。つねに「やらされている」という負荷を感じ、PYG解散でやっと身軽になった気分だった。

そこから映像のほうに活動の軸足を移した。一九七二年は映画『約束』、ドラマ『太陽にほえろ!』、七三年は映画『股旅』『化石の森』、七四年は映画『青春の蹉跌』、ドラマ『傷だらけの天使』、七五年は『前略おふくろ様』……。

そこに至って、やっと音楽活動を再開した。一度、俳優の仕事を経たうえでの音楽活動は、以前とはずいぶん違った。

まずエネルギー配分の仕方だ。ワンステージ十四曲だとすると、ドラマで言えば十四シーンになる。それぞれカット割していくと、何カットになるか。コンサートの流れをそんなふうに捉えることができた。

映画やドラマの場合は、まずホン読みをしてリハーサルをする。現場でウケても、あるいはモニターを見て笑いが起こっても、それを当てにしない。役者はカメラの向こうの観客なり視聴者なりがどういう反応を示すのかを想像し、推理しなければならない。

そうした構えは音楽活動にも通じた。また俳優としての経験を重ねることによって、ステージで自分自身を見せ、演じることができるようにもなった。

本番のための準備に時間がかかるのは芝居も歌も変わらない。リハーサルそのものよりも、何を持ってリハーサルに臨むか。その作業にたいへんな忍耐と地固めを要する。そこは俳優と音楽の活動に共通していた。

一九七八年には、柳ジョージとレイニー・ウッドとともに、初のソロ全国ツアーを敢行して、ロックシンガーとしての立ち位置を築く手応えを得た。そのときの初のライブ・アルバムが『熱狂雷舞』だ。

このツアーで着ていた黒のスーツ、赤いシャツに銀色のネクタイ、ソフトハットが、のちにドラマ『探偵物語』で松田優作が着ていた衣装のもとになっている。知る人ぞ知るエピソードだ。

この時期、私は音楽仲間に映像の仕事を依頼している。

大野克夫、井上堯之にはドラマ『太陽にほえろ!』『傷だらけの天使』『前略おふくろ様』のテーマ曲、井上には映画『青春の蹉跌』『アフリカの光』の音楽、柳ジョージとレイニー・ウッドには、ドラマ『祭ばやしが聞こえる』、『死人狩り』(一九七八~

七九年）の主題歌を頼んだ。

生涯最高のパフォーマンス

私の音楽的な転機は、一九八〇年代のドンジャン・ロックンロール・バンドにある。

それまではPYGから続く井上堯之・大野克夫とのタッグによる音楽づくりに染まっていた。楽曲はロックというよりも歌謡曲かアダルト・コンテンポラリーに近く、ブルース・ロックを愛する私自身とは隔たりがあった。

ドンジャンでは、時代に迎合せずに、好きなメンバーと純粋に自分の音楽を追求することができた。一九八五年にはドンジャンをアンドレ・マルロー・バンドへとバージョン・アップした。

ちなみに「ドンジャン（DONJUAN）」はカルロス・カスタネダの著書に出てくるメキシコ・インディアンの呪術師ドンファンから取った。「アンドレ・マルロー」は作家でありフランスの元文化大臣だ。ピカソやシャガールら芸術家と親交し、日本との関わりも深い。当時、影響を受けた芸術・文化の名を冠し、芸術面を磨いた本物のロックを目指した。

一九八五年八月、東京・よみうりランド・オープンシアターEASTのライブは、その一つの到達点だった。大麻の不法所持で逮捕された二年半後。客席には大麻の臭いが立ち込めていた。客席からステージにたばこ状の大麻が投げ入れられる。それを拾って言う。

「誰だ、こんなもん吸ってんのは？　警察に言うぞ！」

歓声が上がり、また投げ入れられる。

「無駄な抵抗はやめろ」

また歓声が巻き起こる。ステージを駆け回り、歌い、その勢いで鉄骨のイントレステージによじのぼり、ホースで客席に向かって放水し、バケツに汲んだ水をぶちまけた。

客席に向かってホースで水を撒くのは尋常なことじゃないが、会場には多くの私服警官が目を光らせていた。大麻の火を消そうとした放水がショーアップして、ライブを盛り上げるステージ・パフォーマンスとして、その後、真似されるようになった。

私はこのステージによって、一つの自信を得ることができた。テンプターズの時代から逮捕されるまで、コンサート前には大麻を吸っていた。大麻の力を借りてこそ最大のパフォーマンスができると信じ込んでいたのだ。

ところが、それは幻想だった。ステージの成果でいえば、大麻なんて本当はなんの役にも立たない。いやむしろ、やめたあとのほうがはるかに活力に満ち、声量がアップしていた。

アンドレ・マルロー・バンドのライブは、音楽のパフォーマンスとしては生涯最高の出来だった。自分の力に目覚め、大きく一歩前進した。

ライブ感覚

自分にとってライブとは、なまもの、初々しいもの、清潔なもの、作られていないものだ。

音楽でも芝居でも、楽譜や脚本というきちんと決まった枠が最初にある。それに従って表現しながら、どうしても枠から自然に溢れてくるものがある。そこに表現が本来持つ快感がある。

でもだからといって、そればかり追い求めていると中毒に陥ってしまう。そうなると、また陳腐になる。

お酒をなみなみと注いで、「あ、こぼれる」というキワが見る者の目を引く。こぼれそうでいて、こぼさない。その瞬間はまさに紙一重。スレスレの境地をつくっていく。落としどころを考えながら、ギリギリの状態で最後まで引っ張っていく。

芝居でいえば、演技に見えたらしらけるし、まるっきり素のままだとつまらない。少しずつ素をこぼしながらもカメラがどこにあり、観客や視聴者が何を見たいのかを客観的に意識している、そのギリギリの状態がいちばんスリリングなのだ。

だからライブで演奏する曲は同じでも、毎回ステージでやることを変えた。極端にアレンジしないように、でも自分が飽きないでプレイすることを大事にしたい。歌うときも、そのタイミングと環境に合った詞に変えてみたりした。

たとえば「大阪で生まれた女」の冒頭「踊り疲れたディスコの帰り」を歌うときは、自分が逮捕されて黙秘したときの体験を織り込んで、「黙り疲れた留置場の帰り」と変えてみる。お客さんはワッと反応する。ちょっと前なら「残業で疲れた会社の帰り」と歌ったかもしれない。

「鈴虫（九月朝、母を想い）」の冒頭「何かあったんですか？　いいえ何も」という歌詞を、一九八五年のライブでは「何かあったんですか？　ええ、大麻と交通事故と離婚です」。東日本大震災後のライブでは「大震災と大津波と原発です」と歌った。

芝居でせりふを口にするときも、いま生まれたばかりのように語るライブ感は大切だ。

ずっと同じことを繰り返していれば自分に飽きる。昔のコピー、昔の栄光は繰り返さない。かといって、かつて歌った曲をまったく歌わないわけではない。テンプターズ時代の曲も今風にアレンジして歌った。それは「これだけ月日が流れているんだ」というファンへの問いかけでもある。

ボブ・ディランもローリング・ストーンズも同じ歌をライブごとに変えている。

昔、ストーンズのミック・ジャガーやキース・リチャーズは胸を張って語っていた。

「四十歳になって『サティスファクション』を歌っていたら、おれは自殺してるよ」

彼らはいまも「サティスファクション」を歌い続けている。

いや、自分だって二十代のころは、いつまでも「神様お願い！」なんて歌っていたらカッコ悪くて死んじゃう、と思っていた。それがいまでは恥ずかしげもなく歌っている。

私たちは芸術を追求しているだけじゃない。大人のエンターテイナーだ。それは自覚していたい。

うまく歌おうとは思わない

自分は歌がうまくない、と思う。歌がうまい歌手は確かにいくらでもいる。たとえば沢田研二は抜群の歌唱力だ。あんなふうには歌えないし、そもそも歌おうと思っていない。

越路吹雪はうまいか。でもすばらしい。ディランの歌はしゃべり、つぶやいているようだ。でもカッコいい。

自分が向かおうとしている世界は、「歌う」というより、音と呼吸とリズムを崩さないように「語る」、むしろ「演じる」という感覚に近い。その究極がフランスのシャンソン歌手、エディット・ピアフ。日本なら美空ひばり。

一度、ひばりさんのご自宅にお邪魔したことがある。スリーピースで正装して伺うと、ひばりさんは真っ赤なドレスで迎えてくれた。部屋には確かひばりさん、お母さん、弟さんがいた。食事の後、お酒を飲んで話し込むうちに、ひばりさんが、

「何か歌ってあげる。聞きたい曲ある？」と聞く。

とっさに思い浮かばずに、

「じゃあ、『悲しい酒』をお願いします」と答えた。

すると座ったままアカペラで歌ってくれた。心を込めて、涙を流しながら。その場の空気が変わった。それは「歌がうまい」というだけでは表現できない、また別の何か——。

芝居も「うまく」やる必要はあるだろうか。

元タイガースでPYGのメンバーだった岸部一徳さんが一九七〇年代に、ベーシストから役者に転身しようとするとき、私に相談に来たことがあった。井上堯之さんから、「ショーケンみたいにはなれないぞ」と言われてショックを受けたそうだ。

当時、私は映画やドラマに次々に出る売れっ子だった。私はそのとき、

「笠智衆《りゅうちしゅう》さんのような役者を目指せばいいんじゃないか」と答えた。

当時は一つのことを長くやることはあまり評価されず、映画やドラマに出るたびに持ち味が変わることが一つの才能と見なされた。でも岸部さんに言ったのは、

「あえて芝居をうまくやろうと思うな」

出てくるたびに異なる演技と存在感で見る者を驚かせる必要はない。笠智衆さんのように一本調子、モノトーンでいいんじゃないか。

岸部さんは「その言葉を忘れたことがない」と話していたが、じつはあれは自分に向けた言葉だったのかもしれない。

一つの役を苦労してこしらえても、別の役どころを次々に求められる。不器用でも観客の心に残る役者になりたい。そんな気持ちがあったんじゃないか。

自分の芸能人生を振り返ると、俳優が七割で、歌手は三割ほどの割合になる。心を込めて一筋に歌手をしている人には失礼かもしれないが、音楽活動が俳優活動の杖となり、歌手をする際には芝居が杖となってくれている。二つが相互に水先案内人となって、プラスの相乗効果を及ぼしている。私には欠くことのできない両輪だ。

「Time Flies」

二〇一八年にリリースした新曲「Time Flies」には、自分で作詞・作曲した三曲を収録している。これまでの人生、芸能生活五十年の歴史を振り返り、この三曲のタイトルと歌詞に凝縮した。

作詞・作曲といっても、ギターやピアノを前に「いまから曲作りをするぞ」と構えて曲を作るわけではない。

湧き出てくるメロディーから何度も口ずさめるものをボイスレコーダーで録音する。三曲とも自分の原点であるブルースの匂いがするロックナンバーになった。

歌詞は日常のなかでふと浮かんだ言葉を妻が書き留めてくれていた。

ボブ・ディランだって、トイレをはじめ自宅のあちこちに歌詞のかけらを落書きのように書き記していた。ニーチェ、ランボー、サルトル、ボーヴォワール、みんなやっていることだ。

そうした絶え間ない小さい積み重ねが結晶のようになって結実した。歌詞は自分自身のことであり、妻と二人のことでもある。だからこの新曲は夫婦で作ったようなものである。

五十年の歳月も過ぎてみると、あっという間だった。いまの自分から見て「あのころはバカだったな」と振り返る。イントロから三曲目のラストまで聞くと、一つの映画を見終わったようなイメージだ。

最初の「Time Flies」で歌う英語のリフレインは、

"Time Flies, baby I was a wimp when I was a boy"
"Time Flies, baby I've become an old man"
(光陰矢の如し、ガキのころは弱虫だった　いまは年老いた男さ)

二曲目の「Dejavu」は、「バランス失った魚のように、泳ぎ疲れてここまで来たよ」と歌い出す。

これまで世間を騒がせたり人に迷惑をかけたりして生きてきた。人生はどこかでバランスを失って、ちぐはぐになる。

デジャヴは「既視感」を意味する。もしかしたら、それをどこかで望んでいたのかもしれない。あるいは普通に過ごすいまの幸せな暮らしを、すでに夢で見ていたのかもしれない。「未来は今日から」と歌う希望の歌でもある。

三曲目の「Good Action」は、訳すと「善行」となる。孤独ぶるのはもうやめにして、作り笑いの人生に別れを告げようぜ、と歌う。自分やいまの世の中に向けた言葉だが、これからポジティブに生きる決意を込めていると受け取ってもらってもいい。

作品は力強く、生々しい。スタジオでのレコーディングだが、ライブ感が伝わる曲に仕上がった。機械で加工して作られる音楽ばかりが溢れる時代だ。それでも表現の世界はどうしても人の手でなければ成立しないものがある。それが音楽であり芝居だ。

無理しないカッコよさ

声は歌っていなければ歳とともに嗄《か》れて、声量も落ちてくる。二〇一七年のライブツアー「Last Dance」の際は、これまで経験したことがないほど頻繁にボイストレーニングに通った。

「Time Flies」に収録した三曲では、意識的に低音域を用いている。なかでも「Time

Flies」ではファルセットをいっさい使っていない。

私がファルセットを使うようになったのは、PYG時代、ジュリーの一オクターブ上をコーラスで歌わなければならなかったときからだ。いまのように女性コーラスを頼む余裕がない。当時ファルセットで歌う男性歌手がいなかったため、それが自分の個性にもなった。

「Time Flies」の三曲はすべて楽に歌える音域に設定した。他の二曲では高音域が欲しいところだけにファルセットを使っている。要するに力んで歌おうとしないスタンスで臨んだ。

ボブ・ディランやキース・リチャーズ、ロジャー・ウォーターズ（元ピンクフロイド、ベーシスト）、われわれが範としてきた世界のミュージシャンの新譜を聞くと、実に無理がない。成熟したアーティストの余裕を感じる。

みんな七十代後半だ。それぞれおしゃれで、センスよくリリースしている。無理をしないところがクールでしゃれている。それがいまの世界的な潮流でもある。

老いても、キーを下げて歌うことを潔《いさぎよ》しとしない風潮がある。キーを下げることが歌手生命の終わりであるかのように、こだわっている歌手は少なくない。キーを下げると楽に歌えるために、逆に歌った気にならないんだろう。でもそこで無理をすると、かえって痛々しいんじゃないか。いまの自分を否定したり隠したりすると、逆に年寄りくさいんじゃないか。

がんで亡くなったジョー山中は、キーを下げることに最後まで抵抗していた。確かに彼の武器は音域の広さと伸びのある高音域にある。でも私は彼に言ったことがある。

「ジョー、レッド・ツェッペリンの時代は終わったぜ」

一九七〇年代、ハードロックの帝王レッド・ツェッペリンの磁力の一つが、ロバート・プラントのボーカルの驚異的な音域と声質、声量だった。やがてプラントは喉を痛めて歌い方を変える。

ディランやキースは、現在の自分の肉体を使って表現するのが抜群にうまい。過去のイメージにとどまったり、若いころの思い出と一緒に足踏みしたりするのではなく、いまある自分という素材を使っていかに表現するか。

「僕らの時代は『傷だらけの天使』なんです」と言うスタッフはいまもいる。過去の作品は自分が生きた証であり財産だが、生きている限り、現役でいる限りは、これまでの人生でいまが最高、いまがいちばんカッコいいという姿を、先頭を切って見せたいと思う。

最後のステージ

私の音楽への取り組みは、時代に応じて変わってきている。

ザ・テンプターズからPYG、ドンジャン・ロックンロールバンド、アンドレ・マルロー・バンド、そしてショーケン・バンド——。音楽的には着実に成長してきた。観客に迎合せずに、自分はどういう音楽を生み出せるのか、どういう歌を歌えるのかをひたすら探りながら進んできた。

もちろん、若いころに比べて体力も肺活量も落ちている。でも音楽に必要なのはパワーだけじゃない。歳を重ねれば、自分の弱点を知ったうえで周りの意見を取り込む余裕も出てくる。それだけ表現の彫りが深くなってきた。

五十年余の音楽活動を経て生まれた新曲「Time Flies」で、私は素直に自分の世界を表現できた、確かな自分の世界をつくることができたと思っている。それはいままでにない新しい萩原健一だ。ライブにも一つの方向性ができた。

あと何回、ステージに立つことができるだろうか。

「最後だ、最後だ、最後のステージだ」

「Time Flies」リリース記念ツアーのライブでは、毎回そう念じるようになっていた。

ツアーのラストは二〇一八年六月十日のモーション・ブルー・ヨコハマ公演だった。本番の前、「記録のためにカメラを回しておきませんか」という友人の提案に、私はこう答えた。

「ライブはここに足を運んでくれたお客さんのものだよ」

私はこれまで何枚ものライブアルバムを発表してきたが、それはライブとはまったく異なる音楽経験であり、ライブは目の前の観客だけに贈る特別な音楽だ。

しかし一方でライブは心身に大きな負荷がかかるだけに、この公演が自分の最後のステージになるかもしれないとの予感もあった。

このときに記録された映像は、カラオケで「Time Flies」収録の三曲をかけたときに流れる。カラオケで見ることのできる唯一の私の映像である。

第七章

いのち

結婚記念日、都内の行きつけの料理店にて｜2019年2月7日

『不惑のスクラム』

ジストは十万人に一人か二人と言われる病気のため、結局、病状の進み方も治療法もはっきりとわかっているわけではない。ジストに対する抗がん剤は三種類あり、治療のガイドラインに従って、効果を示した患者数が多いものから順に試していった。

抗がん剤の副作用は千差万別だ。私の場合、手足のがさつきがひどくなり、一時、足の皮にひびが入って歩けなくなった。爪が二重三重になったり、割れたり取れたりしたこともあった。困ったのは、皮膚障害のため指紋が消えて、指紋認証ができなくなったときだった。

抗がん剤で、がんが完治するわけではない。がん細胞が増えるのを抑え、成長を遅らせ、転移や再発を防ぐという効果にとどまる。先が見えない不安。体のつらさとともに精神的なつらさとも闘う必要がある。

がんを公表する気はまったくなかった。そもそも自分の病を世間に知らせる意味がどこにあるのか。大切なのは、前を向いて「いまを生きる」ことだ。

二〇一八年春、私のもとには映画やNHKと民放からドラマの企画が数本持ち込まれていた。企画書はそれぞれかなりの分量だったが、そのなかでNHKの連続ドラマ『不惑のスクラム』だけが、A4のペラ一枚だった。

プロデューサーが書いたその文章は、簡潔だがテーマと内容を明確に伝えていて心に留まった。

刑務所を出て死に場所を求めていた主人公は、四十歳以上のシニア・ラグビーチームとの出会いを通じて、再び生きる勇気を取り戻す。それぞれ事情を抱えながらも懸命に生きる中年ラガーマンたちの姿と家族の再生を描くヒューマンドラマである。

私が演じる宇多津貞夫は商社の元常務だ。主人公と仲間たちをつなぐ役割を担う初老のラガーマンであり、末期の胃がんを患っている。自らラグビーチームをつくったが、病の進行とともにプレーできなくなっていく。

まず、がん患者という点で不思議な因縁を感じた。そして病み衰えながらも、自分が心から愛するものに心を砕いて生きていることにも共感を覚えた。

わずか一枚の企画書だから、まだ完全にかたまった作品ではないだろう。自分のアイデアや工夫をある程度反映させる余地がありそうだ。プロデューサーを通して脚本を膨らませることもできるかもしれない。

ＮＨＫではこれまで数々のドラマに出演してきた。信頼できるスタッフも多い。私が作品に対してどういうアプローチをするかを理解したうえで出演をオファーしているはずだ。いいドラマをつくることができそうな予感がした。

入院より仕事がしたい

ＮＨＫの撮影が七月に始まる前に、病院で最新の診断結果が出た。

ドラマ出演の可能性を尋ねると、主治医からは即座に「ダメです」と否定された。

「いますぐ入院していただきたい。そういう段階です」

腫瘍が目に見えない小さなものから大きなものまで、腹中で無数に散らばり、炎症を起こしたりしている。そのため臨月の妊婦のようにお腹が出っ張ってしまう。お腹が張ると、逆流性食道炎のように食べても戻ってくるので、それまでのようには食べられなくなっていた。

大きな腫瘍は大小の血管を巻き込んでいる。何かの衝撃、あるいは衝撃がなくても、もしお腹のなかで大きな腫瘍が破裂したら、出血多量で命を落とす危険性がある。

主治医によると、腫瘍がもう少し小さな段階で初めての手術ならば、いちばん大きな腫瘍を取り除くという選択もあったらしい。

「医師の立場から言えば、とにかくお仕事はいっさいやめて、いますぐ入院してください。萩原さんは日本の宝です。生きていてもらいたい。くわしく調べてみなければわかりませんが、手術でいちばん大きな腫瘍を切除するという処置もわれわれは検討しています。もちろん、萩原さんの意思を尊重します」

再手術をするのなら、この機会しかないだろう。それでもドラマをやるのか。撮影の途中で倒れるかもしれない。すると多くの人に迷惑がかかる。どうするか。

「どうしたいの?」と妻は聞いた。

「やりたい」と私は答えた。

「わかった」と妻は言った。

妻はすべての責任を自ら負うことを覚悟して、私の決めた選択を可能な限り実現させることにした。

神仏祈願

ドラマ出演を選んだのは、一言で言えば、自分の才能を試したかったからだった。自分の現実に重なる役だ。ただ、自分もがんであることを周りに伝えることはできない。どうやって芝居を成立させるか。

歳を取れば、誰しも体力の限界にぶつかる。私の場合、そこに重い病気というハンディが加わっている。

けれども、まだ知恵の限界にはぶつかってはいないんじゃないか。つまり才能のすべてを使い切ってはいない。難関をクリアする知恵が、いまの自分にはまだ残されているはずだ。

ドラマ出演を最終決断する前に医師に相談した。

「ドラマに出たいと思っています」

「いったいどんな役をやるんですか」

「ラガーマン、ラグビーの選手です」

一分か二分か長い沈黙があった。

「それは自殺行為ですよ」

「やっておきたいんです。何か手はないでしょうか。ＮＨＫのほうでタックルのようなハードな演技を省いてくれるならやりたいと思っています」

「タックルなんてもってのほかです。腹部内の破裂がいちばん怖いんです。駆け足などもやめてください」

以前は毎朝二時間ほどのストレッチやマシンでの運動をしていたが、抗がん剤の副作用で体がひどくだるく、体に衝撃を与えないようういっさい運動をしなくなっていた。当然、筋肉は落ちている。そうした体で初老のラガーマンを演じなければならない。

病院で診療を受けた帰り、妻と二人で願いが必ずかなうという浅草の小さなお寺に行った。ドラマ撮影中の無事を祈った。

「仕事が成就できますように。今回のドラマが完成するまで、どうかお願いします」

妻は無宗教、無信仰の現実派だった。しかし、病気の進行状況を聞いて初めて神仏に願をかけ、御札を買った。沈みがちな気持ちを預けるという意味もあったのだろう。

「本当に願いをかなえてくれたら、自分は神仏の存在を心から信じる」と話していた。

家庭あってこそ

がんに関する知識は人よりはある。私が演じる宇多津貞夫の日常もリアルに想像できた。

「ステージⅣだから、ここでは別の抗がん剤を投与しているはずなんだけど」

「貧血がよく起こるから、そのときは薬が効かないという証拠。監修の先生に聞いてみてほしい」

あまりにもくわしいので、スタッフたちが驚いていた。

「なんでそんなことを知っているんですか。萩原さん、もしかしてがんなんですか?」

「いや、自分で調べたんだよ」

私のほうは、体のむくみがひどく、撮影の合間に何度かボディケアを受けた。

脚本にもコミットした。『不惑のスクラム』の原作では、がんを患っている宇多津が自分の愛するラグビーにひたすら思いをかけるという設定になっている。決定稿に至る前にプロデューサーに提案した。

「宇多津という男は、仕事第一でもラグビー第一でもない。好きなラグビーができるのは、家庭があってこそ、支える妻への感謝があってこそなんじゃないか」

このドラマはもともと、いったん人生を捨てた主人公・丸川良平（高橋克典）の家族の再生が大きなテーマになっている。病を抱えた宇多津と家族の関係を描くことでドラマの奥行きがさらに深まるのではないかと思った。

そして、いまの自分にとって「家庭あってこそ」という前提は切実なことだった。妻と一緒に暮らしたことによって、自分の仕事への取り組み方は根底から変わった。「何が何でも仕事優先」ではない。仕事との距離がうまくとれるようになった。仕事との関係が楽になったというべきか。

それは「仕事と深く関わらない」「仕事の手を抜く」といったことではない。たとえば、それは通院の日を優先する。妻と言葉を交わす時間をできるだけ確保する。そうして心身を整えたうえで、いい作品をつくるために全力を尽くす、ということだ。

実際このころ、私のいちばんの楽しみは、妻と二人で食事をする時間だ。自宅でも外食でも病院内の食堂でも構わない。食べながらゆったり語らう。いや、話をしなくてもいい。二人で向き合う時間が私にとって欠くことのできない大切なひとときとなっている。

宇多津の妻を演じた夏木マリさんが、とてもよかった。もともと存在感がある女優さんだ。私が演技を抑えて「普通のおじさん」に徹しているように、夏木さんにも「ちょっと抑え気味のほうがいい」と伝えると、勘良く応じてくれた。

積もりに積もった思いを外に出すのではなく、うちに秘めることで、かえって夫婦の絆の深さを伝えられたように思う。

私の提案をもとに、病室で夫婦が最後に言葉を交わすシーンが加わった。

「こんなときこそ、ラグビーだよ。ボール取ってください」

「いやです」

「お願いしますよ（笑）、いじわるしないで」

「はい」

「登紀子、ありがとうな」

「……(笑み)」

「ほんと、ありがとう」

「急に、何?」

「急じゃない、いつも思ってる」

「こちらこそ」

「キスしてもいいかい?」

「あなた、気は確か?」

同室のほかの患者さんたちは見て見ぬふりをする。

撮影現場には、ちょうど夏木さんのご主人が来ていた。

まだあきらめない

第四話「命のパス」で、入院中の宇多津を、車椅子に乗った梅塚(竹中直人)が見舞うシーンがある。梅塚は三年前の試合で宇多津が大けがをさせてしまった男だ。

場所は病院の屋上。宇多津が梅塚にケガのことを謝ると、梅塚は取り合わない。

「ポンコツ・フルバックのタックルなんて受けきれないほうの責任だろ」

「梅さんは強えなぁ。泣きたくなることありませんか。私、あるんです。夜中に一人になると大声を出したくなる。まだ生きたい、もっと生きたい、泣き叫びたくなる」

「夜中に目が覚めると、ホントきついよな」

「梅さんと、私、もう一度ラグビーがしたいです」

「ウタさん、おれはまだあきらめちゃいないよ。おれは必ずグランドに戻って、この手でボールをパスしてみせる。攻守交代、人生のターンオーバーだ。ラグビーはターンオーバーしてからが見せ場だろ」

「あなたと話をしていると、なんだか元気になります」

容態が急変して病院に駆けつけた丸川に宇多津は語る。

「ラガーマンはどんな困難なときでもごまかさず、正々堂々と相手に立ち向かっていきます。フェアプレイでね。いや、ルールだからじゃないんです。誓いのようなもんだ」

「誓い？」

「はい、どんな試合でも途中で放り投げたりはしない。あなたもそういう一人です」

これらのシーンは、まるっきりのフィクションとは言えず、自分のドキュメントでもあった。自分の中から生まれたせりふであり、そのときの気持ちをせりふに乗せた。

宇多津はもはや深刻な状態にある。けれども、シリアスな状況をシリアスに演じるのではなく、むしろさわやかに演じる。胸のうちに詰まった思いを自分で抱え持っているようにではなく、それは観る側に預けるようにした。

途中倒れることもなく、撮影は八月、無事に終わった。脚本を傷つけず、誰にも迷惑をかけずに作品は仕上がった。病院の帰り、願いをかなえてくれたお寺に御礼参りに行った。

しかし、病状はその短期間で急速に進行していた。病院で担当医から通告された。

「治療は一通りやりました。もう手術ができる状態ではありません。残念ですが、これ以上は手の施しようがありません」

夫婦二人で打ちのめされた。

最後に残された望みは、治験の対象になることだった。未承認の新しい薬を患者に使って、その有効性や安全性を調べる臨床研究だ。もちろん、本人に効くかどうかの保証はない。ただ、わずかでも希望があるのなら、その可能性に賭けたい。

そうなれば、治験を実施している病院に当たるほかはない。妻は必死になって情報を探った。希少がんの専門部門がある都内の病院で治験をしている。しかし、紹介状がなければすぐには入院はできない。

妻は誰もが利用できるホットラインに自宅から電話をかけ続けた。ずっと話し中の状態が続き、三時間以上かけ続けてやっと通じた。

「再発ですか？　いまどういう状態ですか？」

こちらの事情を説明し、運よく希少がんの専門医に会えることになった。もちろん、こちらの身元は明かさなかった。

治験対象になることができるかどうか。もう一度、お寺に参って祈願した。

しかし、血液検査の結果、ガイドラインの条件をクリアできず、治験対象となることはできなかった。わずかな希望も奪われて、再び私たちは打ち沈んだ。

芝居の素材は日常にあり

服用する抗がん剤によっては、副作用で声が嗄れてざらついてくる。このかすれ声を録音して、どういうふうに演技に生かすかを考えた。

『不惑のスクラム』では回を経るごとにだんだん声質を変え、私が出る最後のシーンは、かなりガラガラ声になっている。それが独特の効果を挙げている。

人の発する言葉は一つのトーンではない。非常に弱々しくなった人間の心理と感情をどう表現するか。かすれた声がその一つの引き出しになるかもしれないというアイデアが頭を巡る。それはまだ自分に残された知恵のひとつだ。

自宅を掃除していた時に、息切れがして大声が出せないことがあった。「こっちを手伝ってくれ！」と叫んだつもりでも声が十分に届かない。そこでバケツをガーッと引きずったら、やっと気づいてもらえた。

ああ、このノイズもいい。これ、使えるな。

そんなふうに芝居の素材は特別に目を凝らしていなくても日常に転がっている。

今度、これを使って演じたらおもしろいんじゃないか。現実に起こっていることでも「これを脚本に起こせばどうなるかな」「どういうせりふなら見る側の心に届くだろう」と考える。どんどん拾って、自分の引き出しのなかに入れておく。

時代によって自分の芝居は変わってきた。変えようと思っていなくても、自然に変化している。過去は過去のものであり、いまの演技がつねに自分のベストだ。

『いだてん』で高橋是清役

ＮＨＫでの仕事が続くなかで、大河ドラマ『いだてん～東京オリムピック噺《ばなし》』に出演することになった。

一九一二年、ストックホルムで開かれたオリンピックに日本で初めて参加した「日本のマラソンの父」金栗四三と、一九六四年、日本に初めてオリンピックを招致した田畑政治の二人を主人公に激動の半世紀を描く。

私が演じるのは、その財政手腕が高く評価されながら一九三六年の「二・二六事件」で暗殺される政治家の高橋是清だ。

ＮＨＫは『どこにもない国』での吉田茂の〝特殊メイク〟が成功したため、「ダルマさん」と呼ばれ、私とは似ても似つかぬ風貌の高橋是清に扮してもらいたかったようだ。しかし台本を読み、キャストを見て考えた。

ちょっと待てよ。これは特殊メイクで高橋是清に似せて演じると、かえって浮いてしまうんじゃないか。

吉田茂と違って高橋是清は、その名前は聞いたことがあっても、顔がすぐに浮かぶ日本人はあまりいないだろう。ビジュアル的にメジャーじゃない人物の顔にあえて似せる必要はない。むしろ周りから浮かないようにするほうがドラマにとっては大切だ。

「今回は自分のいつもの〝生地〟を生かしてやらせてください」

NHKにはそうお願いして、あまり手を入れないメイクで済ませた。すると、狙いは当たって、独特の存在感を醸《かも》し出す是清になることができた。

二〇一八年十一月に最初のリハーサルに臨んだ。大蔵大臣の是清が自宅で、当時は政治部記者の田畑政治（阿部サダヲ）から一九二八年アムステルダム五輪への選手派遣に国の補助金を出すよう直談判を受けるシーンだ。

台本にはト書きがなかったため、是清がせりふのどのタイミングで椅子から立ち上がり、ウイスキーをグラスに注いだり座ったりするのかを何度も確認し、台本に赤ペンで記した。

このころから妻は意識して私をビデオで撮影するようになった。

「パパ、ビデオ回すね」

二人はいつからか互いのことを「パパ」「ママ」と呼んでいる。片方が親のようになったときは、片方は自然と子どもになっている。二人の関係のスイッチを自由自在に切り替えている。二人の関係は、まるでフィルムのポジとネガのようだ。どちらが欠けても成り立たない。

『いだてん』のリハーサルや衣装合わせにもビデオを回した。少しベルトをきつく締めるようスタイリストに伝える。妻はお腹を圧迫することをしきりに心配したが、お腹を締めなければ、せりふに力を込めることはできない。

不思議なもので、体調が悪いときにはお金や名誉といった俗世間の欲がまったく出ない。同時に若いころのような飛ばし方はもうできない。いまはいいドラマをつくるために全力を尽くす一方で、現場が混乱しないように体をできる限り調整するだけだ。

「シーンはあまり長くしないでください」とスタッフにはお願いしていた。

最後に是清は、自宅を襲撃してきた陸軍青年将校たちに銃で撃たれたうえ軍刀で刺されて即死する。このシーンはオーバーアクションで演出せず、是清は相手ともみ合うこともなく、あっさり殺されることを提案した。

親友との別れ

遠く離れた地に親友がいた。彼は困ったことがあれば私に電話を寄こし、私も困れば彼に電話をかける。そんな関係が三十年ほど続いていた。

彼は重いがんを患っていた。私にジストが再発したとき、歳上の彼は七十歳を過ぎていた。不安なのか寂しいのか、彼からは何度も繰り返し電話がかかってきた。

このままではいけないと思った。ある日、意を決し、彼に「ひと区切りつけよう」と告げた。

「もし君が倒れても、病気のおれはすぐに駆けつけることはもうできないんだよ。逆におれに何かあったときに、君が駆けつけて来てくれても、おれは迎えに行くことも、宿を用意することもできないだろう。だからまだお互いの加減がいいうちに、さよならしておこう。生きているうちに、このへんでひと区切りをつけようよ」

他人から見れば、まったくもって不義理な人間だと映るだろう。自分でも「おれはなんて冷たい男だろう」と思った。

けれども、ある年齢に達すると、付き合いのテンションは、なかなかそれまでのようにいかなくなる。まして互いに重い病気を持った身ならば、なおさら昔とは関係が変わる。

親きょうだいだってそうだろう。七十歳を超え、八十に近い親族に具体的に相談できることは何もない。相手にしても、自分のこと、あるいは自分の家族のことで精一杯だろう。実際、自分の兄姉とも、要《かなめ》のような存在だった久子姉さんが亡くなってからは会わないようになっていた。

歳を取れば身軽ではいられない。しがらみが増えて重くなり、何をするにしても大げさになる。いちばん関係が良いときに、私のほうからお別れしておいたほうがいい。そう思った。

結局、その友人との連絡はそれきりとなった。

そんなふうに私は過去のものを一つひとつ整理していき、重い荷を下ろすように身軽になっていった。もちろん過去の思い出にとらわれ、感傷に沈むこともある。でもすべてをずるずると引っ張っていては前に進めない。

安楽死のイメージ

治験がかなわなかった病院では納得のいく治療を受けることができなかったため、もともと通院していた病院で診てもらうことにした。

この病院で以前、ジストの再発を伝えられたとき、「なぜこのおれが」と自分の不運を嘆いたり悲しんだりする感情は湧き起こらなかった。もしそんなふうに思っていたならば、いまのように仕事を優先して生きてはいないだろう。

私の場合、いまの段階ではもう手術という選択肢はなくなった。最期がいつになるか。明日なのか、それともずっと先なのか、それはまったくわからない。

『不惑のスクラム』の撮影に入る前の二〇一八年六月、医師に私の余命を聞いた。

「一年半です」

という答えが返ってきた。

病を患ったことは、もちろん不愉快だし重く苦しいことだ。けれども、これもまた私の人生における難関だと考えている。悔いのない人生を送ることで難関を乗り越える。だから何がなんでも治そうとは思わない。病を抱えたままでいい。

一日一日を大切に生きようと思った。「大切に生きる」というのは、必死で勉強することでもなければ、心を入れ替えて暮らすことでもない。

ただ、一日をゆったりと過ごす。怠惰に暮らすわけでもなく、お迎えが来るのであれば、それに逆らわないということだ。

私がずっと考えているのは、「安楽死」だ。ここで言う安楽死とは、病院で苦しまずに安らかに息を引き取ることではない。

体の苦痛のことを言うならば、結局それは自分にしかわからない。死を控えて私が苦しんでいるのを見守る人間は別の意味で苦しいのだろうが、私以上には私のことはわからない。

私の言う安楽死とは、自分が逝くとき、逝った後のことを含めて不安に陥らず、心安らかなまま人生の幕を閉じることを指している。

世間は有名人の死に際し、最初はその業績を懐かしみ、たたえはする。けれども、やがて血縁や相続をめぐって取り沙汰し、没後の魂を汚すことさえある。スキャンダルの標的にされ続けてきた私の場合、そんな「その後」が容易に想像できる。

それはどうしても避けたいと思った。これまで懸命に私を支えてくれた妻が苦労しないための準備をしておきたい。それが最後の務めだと思っている。

残された人間が「最期は穏やかだった」「安心しきっていた」と温かな灯りを抱いて見送り、その灯りをともし続けてほしい。そのとき、私は初めて心置きなくこの世に別れを告げることができるだろう。

自分が知らない自分に会いたい

これまで自分が出演した映画やドラマを見返すことはなかった。

「あのドラマの、あのシーンが忘れられなくて」と人に言われても、

「そんなのあったっけ?」

というくらいに忘れ去っている。

ところが最近、ふと時間が空いたときだった。『鴨川食堂』から『不惑のスクラム』まで、ここ何年か自分が出演した作品をビデオで初めて見直してみた。

自分の演技に驚いた。

いいじゃないか。実に自然に力が抜けていて、それでいてちゃんとリアルな芝居になっている。吉田茂の存在感なんて、テレビの枠を超えて映画っぽくさえなっている。萩原健一、すごいよ！

思い上がりかもしれないが、これなら大丈夫だと思った。これなら一週間ほど時間をもらえれば、仕事を引き受けても役をつくることができる。

そんなふうに自分の芝居を見て、いいなと思ったのは、じつは長い俳優人生で初めてのことだった。長年、命を削って積み上げてきたことが確かな形になっていると感じる。

俳優とは、いわば人間をつくる仕事だ。一人の人間の人生のうち、たとえば十年分を一ヵ月で演じる。そのために人物像を探り、せりふを吟味し、時代背景を調べる……気の遠くなるような作業を積み重ねる。

本当に時間がかかる仕事を選んでしまったなぁ、と思う。しかし、苦労しただけ報われる仕事でもある。

『鴨川食堂』以降、いい仕事をさせてもらっている。数は少ないけれど、自分としては精一杯だ。

いまのこの環境でもっと仕事がしたいと思う。落ち着いて帰る場所があり、一心同体でサポートしてくれる妻がいる。

「後に残る仕事を」と焦っているわけでもなく、「倒れるまで」とがんばっているわけでもない。長期にわたる仕事は保証できないことを踏まえたうえで、制作側と話し合いながら一つひとつ丁寧に取り組んでいくだけだ。

とはいえ、この歳になると、それまでとは違う自分を誰も見出そうとはしないものだ。ある固定したイメージの枠に収めて、それ以上は求めない。

しかし、萩原健一が知らない萩原健一がまだ自分の中にあるはずだ。自分もまだ知らないけれど、それはたとえば人生の困難に直面したときに立ち現れる。私が病を得て、これまでとは違う自分を発見したように。

私はまだ自分に飽きていない。

だからまた、違う自分に会える。

『いだてん』台本読み｜2019年3月18日

あとがきにかえて

夫、萩原健一が旅立つ八日前のことです。

自室の机に向かい、夫は大河ドラマ『いだてん』で残されたシーンの台本を広げ、せりふを口にしていました。

その日は、入院先の病院からなんとか帰宅できた翌日でした。私は体を気遣って思わず背中越しに言葉をかけようとしましたが、同時にその瞬間、最後の最後まで創作に打ち込むその姿に本人の強い意志を感じ、そっと見守ることにして、一枚の写真に残しました。

これが萩原健一という人生をつくってきた萩原敬三の真の姿です。

夫は家が大好きでした。いまのこの環境でもっと仕事がしたい、とよく口にしていました。しかし、その思いはかなわず、容態が急変し、再び病院へ戻ることになりました。

翌日、とてもおだやかで安らかに、ゆっくりゆっくり眠るように息を引き取りました。

「ママ、ありがとう」の言葉を残して。

今年に入って病院の食堂で何気なく撮った一枚の写真が、この本の表紙に選ばれました。検査結果を待つ時間も、私たちにとってはおだやかな大切な時間であり、夫はいつもと変わらぬやさしいまなざしを向けてくれています。

純粋で、正直で、繊細で、不器用なゆえに芸能の世界では誤解され、その生きざまを脚色されることも少なくありませんでした。

それでも萩原健一は仕事をしているときがいちばん輝いていました。結果的に、その世界で萩原敬三の命を削ってきたともいえます。

悲しみは時とともにいつか癒えると言いますが、私は命ある限りいまのこの思いをそのまま抱いていくことになるでしょう。

けれども夫は映像や音楽の世界に数多くの足跡を残してくれました。私はそのかけがえのない宝物をこの後の人生のなかで、ゆっくりゆっくり夫とともにたどっていきたいと思っています。

これまでお世話になった方々、応援してくださったファンのみなさまに深く感謝申し上げます。

萩原敬三はいまも私の心のなかに生きています。

萩原健一もまた、みなさまとともに永く生き続けていくことを心より願っております。

二〇一九年四月　萩原理加

萩原健一（はぎわら けんいち）

一九五〇年七月二十六日、埼玉県生まれ。
一九六七年、ザ・テンプターズのボーカリストとしてデビュー。
「ショーケン」の愛称で親しまれ、俳優・歌手として活躍。
二〇一八年、初の本人作詞・作曲によるシングル「Time Flies」発表。
二〇一九年三月二十六日逝去。

【おもな出演作品】

映画

- 『約束』一九七二年、松竹、監督＝斎藤耕一
- 『青春の蹉跌』一九七四年、東宝、監督＝神代辰巳
- 『八つ墓村』一九七七年、松竹、監督＝野村芳太郎
- 『影武者』一九八〇年、東宝、監督＝黒澤 明
- 『魔性の夏～四谷怪談より』一九八一年、松竹、監督＝蜷川幸雄
- 『誘拐報道』一九八二年、東映、監督＝伊藤俊也
- 『もどり川』一九八三年、東宝東和、監督＝神代辰巳
- 『瀬降り物語』一九八五年、東映、監督＝中島貞夫
- 『恋文』一九八五年、松竹富士、監督＝神代辰巳
- 『離婚しない女』一九八六年、松竹、監督＝神代辰巳
- 『竜馬を斬った男』一九八七年、松竹富士、監督＝山下耕作
- 『夜汽車』一九八七年、東映、監督＝山下耕作

・『いつかギラギラする日』一九九二年、松竹、監督＝深作欣二
・『居酒屋ゆうれい』一九九四年、東宝、監督＝渡邊孝好
・『ＴＡＪＯＭＡＲＵ』二〇〇九年、ワーナー・ブラザース映画、監督＝中野裕之

テレビドラマ

・『太陽にほえろ！』一九七二〜七三年、日本テレビ
・『勝海舟』一九七四年、ＮＨＫ大河ドラマ
・『傷だらけの天使』一九七四〜七五年、日本テレビ
・『前略おふくろ様』一九七五〜七六年、日本テレビ
・『祭ばやしが聞こえる』一九七七〜七八年、日本テレビ
・『君は海を見たか』一九八二年、フジテレビ
・『宣告』一九八四年、ＴＢＳ
・『豆腐屋直次郎の裏の顔』一九九〇〜九二年、朝日放送
・『課長サンの厄年』一九九三年、ＴＢＳ
・『外科医柊又三郎』一九九五年、テレビ朝日
・『元禄繚乱』一九九九年、ＮＨＫ大河ドラマ
・『利家とまつ』二〇〇二年、ＮＨＫ大河ドラマ
・『鴨川食堂』二〇一六年、ＮＨＫ
・『どこにもない国』二〇一八年、ＮＨＫ
・『明日への誓い』二〇一八年、テレビ朝日
・『不惑のスクラム』二〇一八年、ＮＨＫ
・『いだてん〜東京オリムピック噺〜』二〇一九年、ＮＨＫ大河ドラマ

写真提供　萩原理加
取材・構成　片岡義博
編集協力　岡村啓嗣

JASRAC 出 1904245-901

ショーケン 最終章《さいしゅうしょう》

二〇一九年五月十五日　第一刷発行

著者　萩原健一《はぎわらけんいち》

発行者　渡瀬昌彦

発行所　株式会社講談社
東京都文京区音羽二―一二―二一　〒一一二―八〇〇一
電話　編集　〇三―五三九五―三五二二
販売　〇三―五三九五―四四一五
業務　〇三―五三九五―三六一五

ブックデザイン　鈴木成一デザイン室

印刷所　株式会社新藤慶昌堂

製本所　大口製本印刷株式会社

N.D.C.916　246p　ISBN 978-4-06-516480-8